LA DÉFENSE

DU

ROYAUME DE NAPLES

EN 1806

Étude napoléonienne sur le placement des troupes

PAR

le Colonel du génie **CLÉMENT DE GRANDPREY**

PARIS

LIBRAIRIE MILITAIRE R. CHAPELOT ET Cie

IMPRIMEURS-ÉDITEURS

30, Rue et Passage Dauphine, 30

1908

Tous droits réservés.

LA

DÉFENSE DU ROYAUME DE NAPLES

EN 1806

Etude napoléonienne sur le placement des troupes.

PARIS. — IMPRIMERIE R. CHAPELOT ET Cⁱᵉ, RUE CHRISTINE, 2.

LA DÉFENSE

DU

ROYAUME DE NAPLES

EN 1806

Étude napoléonienne sur le placement des troupes

PAR

le Colonel du génie **CLÉMENT DE GRANDPREY**

PARIS

LIBRAIRIE MILITAIRE R. CHAPELOT ET Cie

IMPRIMEURS-ÉDITEURS

30, Rue et Passage Dauphine, 30

1908

LA
DÉFENSE DU ROYAUME DE NAPLES
EN 1806

Étude napoléonienne sur le placement des troupes.

Le 31 décembre 1805, Napoléon écrit de Munich à Joseph, resté à Paris, qu'il a l'intention de s'emparer du royaume de Naples, que le maréchal Masséna et le général Gouvion-Saint-Cyr sont en marche avec deux corps d'armée; qu'il le nomme son *lieutenant commandant en chef l'armée de Naples;* qu'il le prie de partir quarante huit heures après la réception de sa lettre et de garder le secret[1].

La campagne qui suivit est insignifiante, si on la compare aux campagnes contemporaines d'Austerlitz, d'Iéna et de Friedland. Elle ne mériterait pas d'être étudiée, sans la correspondance dont elle fut l'occasion entre Napoléon et Joseph. Celle-ci est de tout premier ordre et touche à quelques-unes des questions les plus difficiles de l'art de la guerre, notamment au placement des troupes. A un autre point de vue, elle éclaire d'un jour très vif le génie démesuré de Napoléon à son époque la plus brillante. On y voit en germe quelques-uns des défauts qui causèrent sa perte, une tendance à dépasser les limites du possible et à baser ses plans non sur ce qui est, mais sur ce que l'on voudrait qui fût.

---

[1] *Correspondance,* n° 9633.

En 1806, Napoléon a 37 ans ; il est en pleine vigueur physique, et son esprit lucide accueille tous les faits positifs. Mais déjà il s'obstine contre la nature des choses. Il ressemble à ces joueurs d'échecs extraordinaires qui mènent de front dix parties, qui les gagnent et qui, peu à peu, se laissant griser par le succès, l'escomptent comme une certitude.

Joseph, son aîné, a 38 ans. Il a toutes les vertus de l'homme privé. L'ambition lui manque. Quand Napoléon lui offre la couronne royale [1], il le prévient que, s'il n'accepte pas, il choisira un autre membre de sa famille. Joseph se peint dans une lettre à sa femme Julie [2]. Après lui avoir dit qu'il n'a ni luxe, ni maîtresses, ni mignons, il ajoute : « Je travaille pour le royaume de Naples avec la même bonne foi et le même abandon qu'à la mort de mon père je travaillais pour sa jeune famille, que je n'ai cessé de porter dans mon cœur... Je ne vis que pour être juste, et la justice veut que je rende ce peuple heureux autant que me le permet le fléau de la guerre... Je remercie le ciel de m'avoir donné la santé et les talents pour supporter le poids des affaires, et la modération qui ne me permet pas d'être ébloui des grandeurs, et la fierté qui ne me permet pas de m'endormir, et une bonne conscience et une bonne femme pour me juger ce que je vaux. »

Vis-à-vis de son terrible frère, Joseph est humble et obéissant, mais non dépourvu d'intelligence, de finesse et même d'une certaine indépendance de pensée. Ses capacités militaires sont médiocres : il obéit passivement, mais il n'hésite pas à avertir quand il se heurte à des impossibilités ; nous en trouverons des exemples par la suite. Sa qualité maîtresse est la bonne volonté. Il est sensible comme l'étaient les hommes du XVIII° siècle nourris de la lecture de Rousseau. Le 13 août 1806, il écrit à Napoléon : « Je reste ici jusqu'à la fête de Votre Majesté, que je lui souhaite bonne ;

---

[1] Lettre du 19 janvier 1806, n° 9685.

[2] La reine Julie était fille d'un négociant de Marseille, nommé Clary, et sœur de Mme Bernadotte (Lettre du 26 avril 1807). (*Mémoires du roi Joseph*, t. III, p. 346.) Ces mémoires sont rédigés par le baron du Casse. Le texte est médiocre et ne vaut que par les documents reproduits. Il y a beaucoup d'erreurs. Les lettres de Napoléon et de Joseph ne forment qu'une série dans l'ordre des dates et ne se correspondent pas à cause de la durée du voyage des courriers.

je désire qu'elle éprouve encore un peu de plaisir à recevoir cette expression de ma tendresse. *Jamais ce glorieux empereur ne pourra m'indemniser de ce Napoleone que j'ai tant aimé et que je désire retrouver tel que je l'ai connu, il y a vingt ans, aux Champs-Élysées*[1]. » Napoléon lui envoya, le 23 août, cette réponse en style lapidaire et glacé[2] : « Je suis fâché que vous croyiez ne pouvoir retrouver votre frère qu'aux Champs-Élysées. Il est tout simple qu'à quarante ans, il n'ait pas pour vous les mêmes sentiments qu'à douze. Mais il a pour vous des sentiments plus réels et plus forts; son amitié a les traits de son âme. »

Dans l'étude qui va suivre, nous laisserons le plus souvent possible la parole au maître et à l'élève; il en résultera quelque lenteur et quelques redites, mais nous gagnerons en intérêt de chose vécue ce que nous perdrons en rapidité d'exposition.

---

[1] Mots soulignés dans le texte. (*Mémoires*, t. III, p. 122.)
[2] *Correspondance*, n° 10693.

I

La conquête de Naples et les préparatifs de l'expédition de Sicile.

Joseph quitta Paris dans la nuit du 8 au 9 janvier 1806. L'armée qu'il devait commander comptait environ 39,000 hommes qui se concentraient dans les États de l'Église.

Le roi de Naples Ferdinand disposait de 30,000 Napolitains, 14,000 Russes et 12,000 Anglais, soit en tout 56,000 hommes. C'était un effectif largement suffisant pour défendre son royaume, d'autant plus que, les Anglais étant maîtres de la mer, il avait sa retraite et ses ravitaillements assurés.

L'armée de Joseph se composait de troupes françaises et étrangères. Le noyau d'infanterie française comprenait 10 régiments de ligne (les 1er, 6e, 10e, 20e, 29e, 42e, 52e, 62e, 101e et 102e), 4 régiments et 1 bataillon légers (les 1er, 14e, 22e, 23e et 1 bataillon du 32e). La cavalerie française comptait 6 régiments de dragons (les 7e, 23e, 24e, 28e, 29e, 30e) et 5 régiments de chasseurs (les 4e, 6e, 9e, 14e et 25e). Dans l'infanterie étrangère se trouvaient 4 régiments de ligne italiens, organisés sur le modèle des régiments français, puis 1 régiment suisse et des légions polonaise, corse et même nègre venant des Antilles. La cavalerie étrangère avait 3 régiments italiens, 1 de uhlans polonais et 1 de chasseurs hanovriens[1]. L'artillerie était servie par le 2e régiment à pied qui avait 22 compagnies, par quelques compagnies du 3e et par la totalité du 1er régiment à cheval[2]. Il y avait enfin du génie et des pontonniers.

---

[1] Quelques-uns des corps étrangers ne rejoignirent qu'après l'entrée à Naples.

[2] Napoléon, dans ses lettres sur le placement des troupes, ne parle presque jamais de l'artillerie. Probablement sa proportion dépendait de l'effectif d'infanterie ou de cavalerie ; on sait que, jusqu'en 1802, chaque bataillon avait droit à tant de pièces. Souvent Napoléon, en 1806, fait allusion au service des pièces par les hommes d'infanterie ou de cavalerie.

Les corps d'infanterie étaient à 2, 3 et 4 bataillons, ceux de cavalerie à 3 et 4 escadrons. Dès le lendemain de la conquête, Napoléon prescrivit[1] de ne garder à l'armée que des régiments d'infanterie à 2 bataillons et des régiments de cavalerie à 3 escadrons. Les hommes des 3e et 4e bataillons et des 4e escadrons devaient servir à compléter les unités conservées; les cadres devaient rejoindre les dépôts établis en Romagne et dans le Modénais, où ils formaient 2 divisions d'infanterie, 1 de chasseurs et 1 de dragons. Un afflux continuel de conscrits aux dépôts et de soldats instruits dans les corps de l'armée, devait maintenir celle-ci sur un bon pied. Napoléon croyait qu'il vaut mieux étoffer les anciens corps qu'en créer de nouveaux. Par parenthèse, c'est ainsi que les Japonais, mais non les Russes, ont procédé en Mandchourie. Le complet d'un bataillon d'infanterie était de 1000 hommes et celui d'un escadron de cavalerie de 180; ces chiffres étaient rarement atteints. Le bataillon avait 6 compagnies dont 1 de voltigeurs et 1 de grenadiers.

Il y avait une proportion de généraux très forte, ce qui était dû aux loisirs de la paix. Les chefs les plus marquants étaient Masséna, Gouvion-Saint-Cyr et Reynier.

Masséna, le plus illustre, était à un mauvais moment de sa carrière. Il venait du pays vénitien où il s'était enrichi aux dépens de l'armée. Napoléon écrit à Joseph le 2 mars 1806[2] : « Soyez inflexible pour les voleurs. Masséna est haï de toute l'armée; vous devez bien vous convaincre aujourd'hui de ce que je vous ai dit plusieurs fois, que cet homme n'a point l'élévation nécessaire pour conduire des Français... » Le 12 mars, il ajoute[3] : « Vous trouverez ci-joint copie d'un décret pour faire rentrer dans la caisse du payeur les sommes qui ont été détournées. Masséna et Solignac ont détourné six millions des contributions de l'armée d'Italie; il faut qu'ils rendent jusqu'au dernier sou... Faites donner à Masséna le conseil de rendre les six millions qu'il a pris... Souffrir que le soldat meure de faim, soit sans solde, et prétendre qu'on a reçu en don, des provinces, des som-

---

[1] *Correspondance*, n° 10131, 22 avril 1806.
[2] *Correspondance*, n° 9911.
[3] *Correspondance*, n° 9960.

mes qui lui étaient destinées, c'est par trop impudent. » Quand
Masséna a rendu gorge, Napoléon se radoucit : « Masséna n'est
bon à rien dans un gouvernement civil ; il n'est d'ailleurs point
susceptible d'attachement. C'est un bon soldat, mais entièrement
adonné à l'amour de l'argent ; c'est le seul mobile de sa conduite,
et il n'y a que cela qui l'ait fait marcher, même sous mes yeux.
C'était d'abord par de petites sommes ; aujourd'hui, des millions
ne suffiraient pas [1]. » Napoléon annonce ensuite l'intention de
donner un duché à Masséna avec un bien de 200,000 francs de
rente dans le royaume de Naples. « Tout ce qui est tache dispa-
raît avec le temps, et les titres de vainqueur de Fleurus comme
de vainqueur de Zurich sont des titres qui restent ; on ne se sou-
viendra que de cela en voyant leurs enfants [2]. »

Gouvion-Saint-Cyr est antipathique à l'Empereur qui méconn-
aît ses qualités. Il ne le recommande pas comme chef capable
et, dans une des lettres précitées (12 mars 1806), il associe son
nom à celui de Masséna : « Faites surveiller Saint-Cyr. Le détail
de leurs dilapidations est inouï ; c'est par les Autrichiens que je
l'apprends et ils en ont rougi eux-mêmes ; ils ont laissé passer
des farines pour Venise... » Gouvion-Saint-Cyr est un des généraux les plus intelligents de l'époque, mais il n'a pas le tempé-
rament français ; il a du goût pour la défensive et il fait
volontiers la guerre comme un général anglais.

Reynier est le plus estimé : « Attachez-vous au général Reynier, écrit Napoléon le 12 juin ; il est froid, mais c'est des trois
le plus capable de faire un plan de campagne et de vous donner
un bon conseil. Dans votre position, l'art consiste à faire croire
à chacun des trois qu'il a également votre confiance [3]. » Napoléon
se trompait, et nous verrons que l'échec le plus grave de cette
campagne fut dû à un mauvais plan et à un excès de fougue de
Reynier.

Après l'occupation de Naples, Napoléon envoya à Joseph le
maréchal Jourdan : « Je connais bien le maréchal Jourdan ; je
pense que c'est un homme que vous devez vous attacher. Il a de

---

[1] *Correspondance*, n° 10311, 3 juin 1806.
[2] *Correspondance*, n° 10314, 3 juin 1806.
[3] *Correspondance*, n° 9665. En 1806, Masséna a 48 ans, Gouvion-Saint-
Cyr 42 ans, et Reynier 35 ans.

l'expérience, de la modération, de l'activité et du dévouement. Je ne connais personne plus dans le cas d'être gouverneur de Naples ; car il vous en faut un de toute confiance, qui étudie cette capitale, d'autant plus importante qu'elle est frontière du côté de la mer [1]. » Joseph sympathisa tellement avec Jourdan qu'il l'emmena en Espagne.

A l'occasion de l'expédition projetée en Sicile, Napoléon compare ainsi la valeur de ces généraux : « Le maréchal Jourdan est beaucoup plus capable de commander des troupes dans l'intérieur que le maréchal Masséna, lequel, à son tour, est beaucoup plus capable de vous aider dans une expédition de Sicile. Pour un coup de main, le commandement de 9,000 hommes qui doivent débarquer les premiers en Sicile exige un homme ferme et ayant été dans les grands événements. Le général Verdier vaut peut-être mieux que Reynier ; si vous ne mettez pas Masséna, mettez-les tous les deux. Dans le métier de la guerre, comme dans les lettres, chacun a son genre. S'il y avait des attaques vives, prolongées et où il faut payer de beaucoup d'audace, Masséna serait plus propre que Reynier. Pour garantir le royaume de toute descente pendant votre absence, Jourdan est préférable à Masséna [2]... »

Joseph prit pour Ministre de la guerre le général Mathieu-Dumas, que Napoléon jugeait dénué de talents militaires ; mais il était brave, honnête, historien d'une certaine valeur et propre à bien administrer son Département. Il acquit une grande influence sur Joseph.

Napoléon recommanda à Joseph de diviser son armée en trois corps, de donner le plus considérable à Masséna, le second à Gouvion-Saint-Cyr, et le troisième, formant une solide réserve de 6,000 hommes, à Reynier. Il lui conseilla de garder un corps de cavalerie légère et d'artillerie dans la main pour se diriger là où il serait nécessaire. Il lui annonça qu'Eugène formait un corps de réserve en Italie et que lui-même accourrait, s'il en était besoin : « Votre grande étude est de tenir toutes vos forces réunies et d'arriver le plus promptement possible à Naples avec tout votre monde. Une armée composée d'hommes de différentes na-

---

[1] *Correspondance*, n° 10311, 3 juin 1806. Jourdan a 44 ans.
[2] *Correspondance*, n° 10325, 6 juin 1806. Verdier a 39 ans.

tions ne tardera pas à faire des sottises. L'art serait de les attendre et d'en profiter, mais il n'y a personne capable de vous diriger dans cette manœuvre [1]. »

Le 19 janvier, Napoléon insiste sur la nécessité d'une marche concentrée : « Je vous réitère de ne pas diviser vos forces; que toute votre armée passe l'Apennin, et que vos trois corps d'armée soient dirigés sur Naples et disposés de manière à se réunir en un jour sur un même champ de bataille. Naples pris, les extrémités tomberont d'elles-mêmes; tout ce qui se trouvera dans les Abruzzes sera pris à revers, et vous enverrez une division à Tarente et une autre du côté de la Sicile, pour achever la conquête de ce royaume [2]... »

Le 2 février, il revient sur la même idée : « Vous avez cinq divisions d'infanterie; tenez-les toujours réunies [3]. »

Cependant, les instructions de Napoléon n'avaient pas été exécutées. Saint-Cyr, mécontent et frondeur comme à son ordinaire, avait quitté l'armée sans autorisation; il ne participa pas aux débuts de la campagne [4]. Son départ, et peut-être la connaissance du désarroi des Napolitains furent cause de modifications au plan de campagne et à la répartition des troupes. L'armée fut divisée en trois corps : celui du centre, commandé par Masséna, eut 11,629 hommes d'infanterie, 4,038 de cavalerie et 14 canons; celui de gauche, formé avec les corps italiens sous Lecchi, 4,887 hommes d'infanterie, 638 de cavalerie et 5 canons; celui de droite, par Reynier, 6,862 hommes d'infanterie, 557 de cavalerie et 5 canons. La réserve de dragons du général Mermet (1587 hommes) et la division Duhesme (7,385 hommes d'infanterie et 473 de cavalerie), étaient encore en route [5].

Dès la première menace, la peur paralysa la cour de Naples qui s'embarqua pour la Sicile. Les Russes partirent pour les îles Ioniennes et les Anglais se retirèrent. Le prince royal de Naples signa une capitulation qui rendait aux Français la capitale et les

---

[1] *Correspondance*, n° 9665, 12 janvier 1806.
[2] *Correspondance*, n° 9685.
[3] *Correspondance*, n° 9738.
[4] Dès son arrivée à Paris, Napoléon lui intima l'ordre de rejoindre l'armée. (Lettre du 2 février 1806, n° 9738.)
[5] Ces effectifs sont empruntés aux *Mémoires de Masséna*, t. V.

places fortes de Capoue et de Gaëte. Joseph passa le Garigliano le 8 février et fit son entrée à Naples le 15. La conquête n'avait presque rien coûté. Lecchi, qui était entré dans le royaume par les Abruzzes, ne rencontra pas plus de difficultés que Masséna qui suivait la route de Capoue. Reynier avait opéré par Terracine et Itri ; il se heurta à la résistance de Gaëte dont le gouverneur, le prince de Hesse-Philipstadt, un homme de tête, refusa de reconnaître la capitulation du prince royal. Comme Reynier n'avait pas les moyens de le contraindre, il dut laisser un régiment qui bloqua la place du côté de terre. Cela était facile, car Gaëte est relié au reste de l'Italie par un isthme étroit.

Napoléon approuva les dispositions prises, avec une réserve. Il écrivit le 14 février : « ... Votre marche sur Naples n'a point d'inconvénient dans l'état actuel des choses, où les Anglais et les Russes sont partis. Ce serait différent si leur armée était égale à la vôtre. Votre armée est trop disséminée ; elle doit toujours marcher de manière à pouvoir se réunir en un seul jour sur un champ de bataille. Avec 15,000 hommes, je voudrais battre vos 36,000 et être partout supérieur le jour d'une bataille [1]... »

Une fois installé à Naples, Joseph chargea Masséna de garder la capitale et de préparer le siège de Gaëte avec 16,020 hommes et 13 canons. Duhesme, à qui se superposa bientôt Gouvion-Saint-Cyr, occupa les Abruzzes, la Pouille, Tarente, la Basilicate et bloqua Civitella del Tronto, petite place de la côte Adriatique avec 10,129 hommes et 8 canons. Il avait laissé une garnison de 800 hommes à Ancône. Une réserve d'une vingtaine de pièces, un équipage de pont, et des parcs étaient à Capoue.

Le prince royal de Naples avait réuni une vingtaine de mille hommes à la limite de la Calabre et de la Basilicate. Reynier, avec 12,632 hommes et 12 canons, les dispersa et conquit tout le fond de la botte, y compris Reggio, du 1er au 20 mars [2].

---

[1] *Correspondance*, n° 9808,

[2] Comme il sera souvent question de Reynier par la suite, voici la composition de son corps :

    1 brigade d'avant-garde (général Compère) :

        2 bataillons du 1er léger ;

        2 bataillons du 42e de ligne ;

        3 pièces de montagne ;

        1 détachement de sapeurs.

Dès le 9 février, avant l'entrée à Naples, Napoléon avait écrit : « Surtout ne perdez pas un moment, une heure, pour tâcher d'enlever la Sicile. Beaucoup de choses seront faciles dans ce premier moment qui seront plus difficiles après… » [1]. Cette pensée est répétée dans un grand nombre de lettres suivantes [2]. Mais malgré la diligence de Reynier, les Anglais, maîtres de la mer, avaient eu le temps de détruire ou de faire refluer vers Messine tous les moyens de transport existant le long des côtes.

Ainsi le royaume de Naples, à l'exception de Gaëte, fut conquis en quarante jours. Si l'on réfléchit que du Garigliano à Reggio, il y a de 550 à 600 kilomètres dont près de la moitié sans route, on se convaincra qu'il n'y eut point de perte de temps. Au reste quand Napoléon fut en possession des détails de la marche, il ne critiqua plus la lenteur de Reynier ; il le trouva plutôt téméraire. « Ce n'est pas le long des chemins qu'il faut avoir des troupes, mais il faut être maître des côtes, écrit-il le 11 avril [3]. On ne peut être raisonnablement à Reggio sans occuper Cotrone, Rossano, Catanzaro, Castella, et enfin toutes les côtes des deux côtés, vers les golfes de Sainte-Euphémie et de Squillace. Le général Reynier me paraît avoir fait sa marche avec assez d'imprudence. Il eut fallu envoyer des troupes s'emparer de Cotrone, de Cosenza et de Castella, pendant qu'on marchait sur Reggio.

« Un ennemi maître de la mer inquiétera toujours les com-

---

1 division (général Verdier et, sous lui, les généraux de brigade Digonnet et Peyri) :
  2 bataillons du 23ᵉ léger ;
  2 bataillons du 6ᵉ de ligne ;
  3 bataillons d'infanterie polonaise ;
  3 pièces de montagne ;
  1 détachement de sapeurs.
1 réserve (général Franceschi) :
  4 bataillons du 1ᵉʳ régiment suisse ;
  3 escadrons du 6ᵉ chasseurs ;
  3 escadrons du 9ᵉ chasseurs ;
  2 bouches à feu.

[1] *Correspondance*, n° 9788.

[2] Par exemple, le 20 mars : « …Vos mouvements sont beaucoup trop lents. Vous devriez déjà être maître de la Sicile… La perte de temps est irréparable à la guerre ; les raisons que l'on allègue sont toujours mauvaises, car les opérations ne manquent que par des retards. » (*Correspondance*, n° 9997.)

[3] *Correspondance*, n° 10085.

munications de l'armée, si l'on n'est pas maître des côtes. Il paraît
que la Calabre a 55 lieues de long, et que sur un point elle n'en
a guère que 8 à 9 de large, et sur un autre point moins de 15. Il
faut un commandant pour la Calabre ultérieure et un pour la
Calabre citérieure. Il faut des commandants de place sur les
principaux points des côtes, et établir dans ces deux provinces
trois petits camps volants de 700 à 800 hommes, tant infanterie
que cavalerie. Au reste vous remédierez promptement à ces
petits inconvénients du moment... »

La façon dont Napoléon parle de la Calabre prouve qu'il n'a
à sa disposition que des cartes à petite échelle et des données
assez vagues [1]. Cotrone, Rossano, Catanzaro et Cosenza sont de
petites villes de 5,000 à 10,000 âmes qui comptent parmi les
plus considérables de cette région, aux campagnes peu peuplées.
On pourrait en citer une demi-douzaine d'autres qui ne leur
cèdent guère en importance et sont sur la ligne de communication directe de Reynier, par exemple Rogliano, Nicastro, Pizzo,
Monteleone, Palmi, Bagnara, Scilla, etc. Peut-être Napoléon a
vu leurs noms sur les états de situation de Reynier. Dans ce cas
il y fait allusion en disant qu'il vaut mieux avoir des troupes sur
les côtes que le long des chemins. Castella n'est qu'un cap entre
Catanzaro et Cotrone, il y en a beaucoup d'autres aussi intéres-
sants. L'occupation de tous les points de cette province étroite
et longue de 220 kilomètres où l'on peut craindre un établisse-
ment ennemi et la création des trois camps volants de 700 à
800 hommes sont capables d'absorber la meilleure partie des
10,000 ou 12,000 hommes du corps de Reynier. Que lui restera-
t-il quand il y aura satisfait ? On a de suite l'intuition que l'occupation de la Calabre par quelqu'un qui n'est pas maître de la
mer est fatalement précaire. Ce n'est pas résoudre la difficulté
que l'assimiler à de « petits inconvénients du moment ».

Ce même jour, 11 avril 1806, Napoléon écrit une seconde
lettre [2] où sa pensée évolue et se précise : « J'imagine que vous
faites occuper tous les ports de l'Adriatique, afin d'intercepter

---

[1] Dans une lettre postérieure, n° 10156, du 27 avril, il dit ; « Toutes les
fois que vous me parlez d'une ville, mettez en note sa population, car on ne
trouve ici aucun renseignement là-dessus. »

[2] *Correspondance*, n° 10086.

toute communication avec les Sept Iles. Songez bien qu'il n'y ait, pour ainsi dire, pas un village dans votre royaume qui n'ait vu vos troupes et qu'il importe cependant que les habitants n'aient pas à s'en plaindre. Il est convenable de ne pas disséminer vos forces. Mieux vaut en effet avoir 600 hommes qui fassent six voyages sur divers points ou envoient des patrouilles partout, mais de manière que le gros de ce corps reste réuni, que d'avoir les 600 hommes répartis, à raison de 100 hommes dans chaque endroit, sur six points différents. Attachez-vous à tenir les bataillons réunis... Il est bon d'établir un quartier général pour toute la Calabre. Vous y placerez le centre de l'administration et les dépôts des troupes qui seront dans cette province. Cosenza ou Cassano peuvent être choisis pour ce quartier général...»

La façade du royaume de Naples sur la mer Adriatique a une longueur de 550 kilomètres. Si, pour nous rendre compte du plan de l'Empereur, nous admettons que chaque corps de 600 hommes a 50 kilomètres en moyenne à surveiller, il faudra 11 bataillons, soit 6,600 hommes localisés. Et ce cordon ne sera pas solide, s'il n'y a pas de bonnes réserves à portée. Ici comme en Calabre le problème paraît difficile à résoudre. Mais il y a cette circonstance favorable que la base ennemie est plus éloignée.

Ces lettres durent parvenir à Joseph en Calabre[1]. Il avait quitté Naples le 3 avril. Il alla jusqu'à Reggio et revint dans sa capitale le 11 mai, après avoir suivi les côtes de la mer Ionienne jusqu'à Tarente. En dépit de quelques révoltes locales, il avait été bien accueilli ; aussi il se croyait aimé par ses nouveaux sujets et il comptait sur leur fidélité. De ce côté il se nourrissait d'illusions. Mais il acquit quelques notions exactes sur les chemins et la configuration du pays et put, par la suite, rectifier ce que les plans conçus à distance par Napoléon avaient de chimérique. Il constata que la route de Naples en Calabre s'arrêtait à Lagonegro (160 kilomètres); au delà il n'y a que des chemins mal entretenus. De même il n'existait pas de route entre Naples et Tarente. Tout le trafic de la Calabre se faisait par mer. Joseph s'empressa

---

[1] Un courrier mettait dix jours pour aller de Paris à Naples, et environ quinze jours de Paris à Cosenza. Plus tard, un service d'estafettes réduisit quelque peu ces durées.

d'ordonner la construction de routes, de Naples à Reggio et de Naples à Tarente.

Le 27 avril Napoléon lui écrit : « Réunissez tout le corps du général Reynier, qui est de 8,000 à 9,000 hommes, pour pouvoir passer en Sicile et garnir la mer. Mettez à Cosenza des troupes corses et italiennes, ou des propres Napolitains, si vous en avez d'assez sûrs ; ménagez les troupes françaises en ne les faisant pas ainsi battre isolément contre des paysans ; proscrivez surtout les petites garnisons, sans quoi vous ferez beaucoup de pertes. Le vrai système est celui des camps volants ; 1800 hommes sous les ordres d'un général de division, placés autour de Cosenza, et fournissant perpétuellement des colonnes, 500 à 600 hommes parcourant le pays sont les meilleurs moyens.

« Tous les points de la côte où il y a des citadelles, et où un petit nombre d'hommes peuvent être à l'abri des insurrections d'une ville et des paysans, peuvent être occupés avantageusement pour garantir les côtes ; mais que nulle part il n'y ait moins de 400 hommes. Ne mettez de petits détachements que dans les forteresses et dans les postes bien fortifiés [1]. »

On ne saurait trop méditer ces sages conseils, tout en reconnaissant que l'application est difficile. Dans un pays primitif comme la Calabre, sans grande sécurité intérieure et exposé aux attaques des pirates barbaresques sur ces côtes, le nombre des châteaux fortifiés est considérable. Quels sont ceux qu'on occupera et ceux qu'on abandonnera, au risque de laisser des citadelles à l'ennemi, car aura-t-on le temps et les moyens de démanteler ceux-ci ? Constatons aussi que du 21 au 27 avril, la pensée de Napoléon a évolué ; il ne parle plus d'occuper des villes ouvertes comme Rossano.

Pendant le mois qui suit, Napoléon stimule Joseph au sujet de l'expédition de Sicile qu'il croit possible. En même temps, il lui demande un régiment de dragons pour Ancône et un régiment d'infanterie pour Civita-Vecchia ; il veut s'emparer de ces villes du pape et les garder.

Dans une longue lettre du 19 mai [2], Napoléon jongle avec les

---

[1] *Correspondance*, n° 10156.
[2] *Correspondance*, n° 10250.

effectifs. « ... Avec une armée de 40,000 hommes que vous avez
en infanterie, cavalerie, artillerie, Français, Italiens et Polonais,
vous pouvez disposer de 15,000 hommes pour l'expédition de
Sicile, en mettre 9,000 devant Gaëte, et vous trouver encore
avec une réserve de 16,000 hommes... » Il y joint des conseils
pour le siège de Gaëte qui ne doit durer que douze jours, mais
ne commencer que lorsque l'on aura assez de munitions pour
que le feu aille toujours croissant. « ...Dans la situation actuelle
de l'Europe... la Sicile est tout, et Gaëte n'est rien ; ...il faut
l'avoir avant le mois de septembre... Ce qui est aussi très important pour vos opérations, c'est d'être maître de Cività-Vecchia et
de toute la côte jusqu'à Piombino... Il faut boucher hermétique-
ment toute la côte d'Italie aux Anglais et à toute communication
avec Corfou... ». Napoléon oublie ses conseils précédents. Pour
le bouchage hermétique les 40,000 hommes de l'armée seraient
insuffisants.

Cette lettre était à peine partie que l'Empereur reçut une lettre
de Joseph datée du 11 mai [1]. Elle était bien faite pour le transporter du domaine des rêves dans celui de la réalité. Le roi dit que
l'armée est de 30,000 hommes, plus l'artillerie et la garnison d'Ancône. Reynier en a le tiers, 11,000 hommes. Le premier corps
commandé par Masséna a 8,000 hommes employés à la garnison
de Naples et des îles et 4,000 au siège de Gaëte, soit 12,000
hommes. Gouvion-Saint-Cyr occupe les places de l'Adriatique,
bloque Civitella del Tronto, a des colonnes mobiles dans les
Abruzzes et un régiment à Tarente. Quelques régiments de cavalerie sont en Pouille, « la seule partie du royaume où elle peut
vivre ». Cela fait 7,000 hommes. « L'étendue immense des côtes de
ce royaume a été désarmée par l'ennemi ; il chercha à nous inquiéter à la fois dans l'Adriatique, l'Ionienne et la Méditerranée...
Je ne doute pas que le projet de l'ennemi est de nous occuper
partout pour nous distraire des préparatifs de l'expédition de
Sicile. »

A cela Napoléon répond le 21 mai [2] : « Vous tenez trop de
monde dans la Pouille ; 2 ou 3 régiments de cavalerie,

---

[1] *Mémoires*, t. II, p. 227.
[2] *Correspondance*, n° 10256.

5 pièces d'artillerie et 2,500 à 3,000 hommes, Italiens ou Polonais, sont plus que suffisants dans la Pouille, sur la côte de l'Adriatique. Pour garder les côtes, c'est surtout de la cavalerie et de l'artillerie de campagne qu'il faut. A Pescara, 200 ou 300 hommes suffisent. Tenez 6,000 à 7,000 hommes à portée de Gaëte avec de la cavalerie et de l'artillerie de campagne. Mettez le maréchal Masséna devant Gaëte. »

Le 14 mai Joseph écrit[1] : « Mon armée, si considérable pour la solde, est cependant réduite pour le service actif à 32,000 hommes et j'ai à garder des côtes de 1500 milles et un pays montagneux où il n'est pas possible d'exécuter des mouvements aussi vifs qu'il faudrait le faire. »

En ce moment les Anglais croisent partout et débarquent soit des émissaires pour soulever les paysans, soit des détachements de troupes siciliennes pour organiser la résistance. Ils ont une escadre commandée par l'amiral Sidney Smith devant le golfe de Naples. Souvent les communications de Reynier sont coupées. D'autres navires anglais menacent les îles Tremiti dans l'Adriatique. Bien qu'on ne soit pas encore au temps de la vapeur, ils vont plus vite d'un point de la côte à l'autre que les troupes françaises par les chemins de terre. Aussi le bouchage hermétique paraît impossible.

Le 24 mai une mauvaise nouvelle arrive à Paris. Sidney Smith a ravitaillé Gaëte, dont la garnison fait des sorties heureuses, puis il a débarqué à Capri[2] et, après trois jours de lutte, il a enlevé la petite garnison française de 250 hommes qui s'y trouvait. Il a été moins heureux dans ses tentatives contre Ischia et Procida qui contenaient chacune 300 hommes. Ainsi les Anglais ont acquis une base dans le golfe de Naples, d'où ils menacent la capitale. Aussitôt Napoléon écrivit : « Ce qui vous est arrivé à l'île de Caprée, je l'avais bien prévu ; en fait d'îles isolées il n'y qu'un principe, c'est d'y mettre beaucoup de troupes ou pas du tout. »

Le 27 mai, il ajoute[3] : « ...Je vous réitère l'ordre d'envoyer

---

[1] *Mémoires*, t. II, p. 232.
[2] *Correspondance*, nº 10270, 24 mai 1806 : Capri a 6 kilomètres de longueur et de 1 à 3 kilomètres de largeur.
[3] *Correspondance*, nº 10285.

1 régiment de cavalerie et 1 d'infanterie à Civita-Vecchia. Vous avez trois fois autant de troupes qu'il vous en faut. Il est très nécessaire d'occuper Civita-Vecchia pour ôter aux Anglais toute correspondance avec Rome. Que faites-vous donc de cette immense cavalerie qui est à Naples? Vous avez trop de troupes du côté de l'Adriatique. Si vous avez l'espérance de faire l'expédition de Sicile, vous pouvez, comme je vous l'ai marqué, tarder à prendre Gaëte. Si vous ne voyez pas prochainement la possibilité de passer en Sicile, je crois qu'il faut vous défaire promptement de ce chancre de Gaëte. Le temps perdu ne se répare point, et Civita-Vecchia devrait déjà être occupée.

« Si vous jetez un coup d'œil sur toute la côte que je suis obligé de garder, depuis Raguse jusqu'au Texel, il vous sera facile de concevoir que vous êtes le point de l'Empire où j'ai le plus de troupes réunies. Ce n'est pas en mettant des troupes partout que vous garderez tous les points, c'est en les faisant marcher. D'ailleurs, il ne faut pas vous étonner d'une cinquantaine d'Anglais qui se jetteront sur vos côtes, puisqu'ils se jettent même sur mes côtes de Normandie et de la Vendée. Mais les paysans sonnent le tocsin et les repoussent eux-mêmes ; je ne m'en mêle pas. Depuis Flessingue jusqu'aux Pyrénées, je n'ai pas 4,000 hommes. Établissez une bonne police et des commissions militaires, et vous n'aurez rien à craindre des Anglais... »

Dans cette curieuse lettre, la vérité et le paradoxe sont étroitement mêlés. Il est trop évident que Joseph n'a pas trois fois autant de monde qu'il lui en faut : ceci n'est qu'une boutade. Une bonne police et des commissions militaires peuvent bien terroriser les ennemis du dedans, on ne voit pas quelle action elles peuvent avoir contre les ennemis du dehors, les Anglais ; aussi le conseil de Napoléon, donné au lendemain de la perte de Capri, paraît étrange. Quant à l'assimilation implicite entre les paysans français et les paysans napolitains, elle ne tient pas debout. Si les premiers sonnent le tocsin quand l'ennemi paraît et le repoussent, les autres l'appellent de leurs vœux et se joignent à lui. Cependant Napoléon a reçu la leçon des événements. Un doute a pénétré son esprit sur la possibilité de mener de front le siège de Gaëte et l'expédition de Sicile. Nous verrons qu'il ne fut pas de longue durée. On ne peut que s'incliner devant le précepte de faire marcher les troupes pour garder les côtes au lieu de les immobiliser. Mais combien délicate est l'application, car l'ennemi cherchera par des feintes à les éloigner du point où il veut débarquer.

Le 31 mai [1], Napoléon jongle avec les effectifs, comme il l'a fait dans sa lettre du 19 mai. Joseph se plaint souvent de manquer d'argent et d'être ruiné par son armée. Napoléon lui conseille de faire des économies en en renvoyant une partie. Pour cela, il lui démontre qu'elle est trop nombreuse. Elle ne contient plus 45,000 hommes comme au 19 mai (Joseph, nous l'avons vu, n'en reconnaissait que 32,000).

« Vous avez une armée de 52,000 hommes; cela est beaucoup plus qu'il ne vous en faut. Sur ces 52,000 hommes, vous en avez 44,000 présents sous les armes, 6,000 aux hôpitaux, et cela sans compter les régiments napolitains que vous avez pu lever... Le calcul de tout ce que coûte une armée, en y comprenant la solde, les masses, l'état-major, les hôpitaux, etc..., est de 1000 francs par homme pour la cavalerie, et de 500 francs par homme pour l'infanterie. Vous avez 45,000 hommes d'infanterie et 7,000 chevaux; vous devez compter sur une dépense de 29,000,000 de francs; sur une dépense de 26,000,000 en ôtant 3,000 chevaux. En ôtant beaucoup de monde inutile, vous pourrez vous réduire à 22,000,000. » Nous n'entrerons pas dans le détail de ces réductions, parce qu'elles sortent de notre sujet. Au milieu de la discussion se trouve ce mot : « Vous n'envoyez pas d'état de situation; je désire bien en avoir enfin un très détaillé. » On est obligé de conclure que la base des calculs de l'Empereur était erronée. Comme à cette date il avait entre les mains les lettres de Joseph des 11 et 14 mai, on est embarrassé pour expliquer ce fait. L'étonnement diminue quand on réfléchit à la multitude d'affaires qu'il traitait personnellement dans la même journée. Le plus puissant génie a des limites : il est sujet à oublier.

Cette lettre se croisa avec une lettre de Joseph, du 30 mai, où il est dit que depuis le départ de 3 régiments pour Ancône et Civita-Vecchia, l'armée n'a plus que 30,000 hommes en état de marcher. Or il en faudrait 42,500 ainsi répartis :

---

[1] *Correspondance*, n° 10303.

8,000 hommes pour Naples et le golfe.
6,000   —   devant Gaëte.
3,000   —   à Pescara, Brindisi, Tarente, Cotrone.
3,000   —   à Salerne, Tropea, Scilla, Reggio.
1,500   —   à Ischia, Procida.
3,000   —   en Calabre.
18,000   —   pour l'expédition de Sicile.
____
42,500 hommes.

Donc il faut envoyer des renforts.

Le 6 juin, Napoléon revient avec grands détails sur l'expédition de Sicile à laquelle il tient[1] : « ...Il faut que vous débarquiez 9,000 hommes de troupes à la fois avec 10 pièces de canon et 300 coups à tirer par pièce, et avec 15 rations de biscuits et 200 cartouches par homme... Il faut qu'au moment où l'expédition sera prête les attaques deviennent vives à Gaëte, afin d'y attirer la plus grande quantité possible de vaisseaux anglais. Une fois la descente faite, je regarde le pays comme conquis. Voici ce qui arrivera : l'ennemi s'opposera au débarquement; s'il est forcé, il attaquera dans les trente-six heures, et, s'il est battu, alors les Anglais se retireront pour s'embarquer. Quoique le détroit ne soit qu'une ou deux lieues, les courants sont tels dans ces parages qu'il est possible que, dans ces trente-six heures, les mêmes bâtiments ne puissent pas aller, revenir et retourner en Sicile... Il vous faut des bateaux, ensuite un port et, ayant nn port, quinze jours plus tôt ou quinze jours plus tard, vous aurez des bâtiments, car les spéronares, les felouques napolitaines, tout est bon pour le passage. Quel est le port que vous avez choisi ?... Toute opération qui tendrait à faire passer une avant-garde de moins de 9,000 à 10,000 hommes serait une folie. Selon les renseignements que j'ai, il y a en Sicile près de 6,000 Anglais... Les deux tiers de vos bâtiments ne doivent être chargés que de troupes, chaque homme ayant ses 50 cartouches et 50 en caisse distribuées aux compagnies. L'autre tiers doit être chargé d'artillerie, de manière que, deux heures après le débarquement, les bateaux qui ne sont chargés que de troupes puis-

____

[1] *Correspondance*, n° 10325.

sent retourner pour en prendre de nouvelles... Il faut composer vos 9,000 hommes de l'élite de 20,000, bien armés, divisés en trois divisions, chaque division commandée par un général de division et deux de brigade, tous hommes de guerre et vigoureux. Chaque division doit avoir trois pièces d'artillerie et des officiers du génie. Je crois Masséna plus capable de commander ces trois divisions qu'aucun autre. Si vous aviez vraiment l'habitude de la guerre, je vous engagerais à passer avec ces trois divisions ; mais il est plus convenable que vous restiez à Naples ; c'est jouer trop gros jeu, et vous n'y seriez d'aucune utilité, car enfin votre présence n'accroîtra pas la force de ces divisions... L'expédition de Sicile est facile, puisqu'il n'y a qu'une lieue de trajet à faire ; mais elle demande à être faite par un système, parce que le hasard ne fait rien réussir. Votre entrée en campagne a été si fautive qu'il est probable que, si les Anglais et les Russes fussent restés, vous eussiez été battu. A la guerre, rien ne s'obtient que par calcul. Tout ce qui n'est pas profondément médité dans ses détails ne produit aucun résultat... »

Napoléon, dans cette lettre si précise à certains égards, ne cite pas l'endroit qu'il considère comme le plus favorable à un débarquement, mais il n'y a guère de doute possible. Ce doit être vers le point où le détroit a le moins de largeur (3,285 mètres), c'est-à-dire non loin de la pointe et du village de Faro. C'est dans ces parages que les anciens plaçaient le gouffre de Charybde. Ils désignaient ainsi des courants violents qui se retournent toutes les six heures du Sud au Nord et du Nord au Sud. Au moment des renversements, il y a des tourbillons qui engloutissent les barques à voiles. Ce n'est pas un emplacement de tout repos pour une opération délicate comme un débarquement. A Messine, le détroit a déjà de 6 à 7 kilomètres. Messine, qui est à 11 ou 12 kilomètres de la pointe du Faro, est le seul bon port des deux côtes. Elle avait une forte garnison et de solides fortifications du XVIe siècle. Les Anglais y tenaient la plus grande partie de leurs troupes et quelques vaisseaux de haut bord. Un débarquement ne pouvait s'effectuer dans ce voisinage dangereux. Si Napoléon avait relu les lettres de Joseph, il se serait rappelé que les Anglais, en évacuant la Calabre, avaient détruit ou fait refluer vers Messine tous les bateaux afin de protéger la Sicile contre un débarquement français. Le projet dont il avait tracé les détails d'exécution était donc chimérique. Pour qu'il fût possible, il aurait fallu des moyens matériels inexistants et une paralysie de l'intelligence et de la volonté des Anglais dont leur conduite récente n'était point l'indice.

Joseph répond le 15 juin[1] qu'il s'efforce de réunir à Tropea des moyens de transport pour 8,000 hommes, et que ce port est protégé par 7 pièces en batterie. Tropea est dans la presqu'île du cap Vaticano, à 50 kilomètres au nord-est de la pointe du Faro. Comment espérait-il pouvoir franchir cette distance alors qu'il n'était pas maître de la mer? Il ne le dit pas. Peut-être n'osait-il heurter de front les desseins de son frère. En même temps, il indique d'une manière générale la répartition de ses troupes. Il a 8,000 hommes à Naples et dans les îles du golfe; 8,000 hommes devant Gaëte et d'Itri au Garigliano; 4,000 hommes à Capoue, Avellino, Nola, où il y a eu un commencement de révolte, Portici, Castellamare, où est son chantier de construction de navires, Torre Annunziata, où est son unique fabrique de poudre, Salerne jusqu'à Sapri, où il y a une batterie de côte; 9,000 hommes dans les Calabres, à Tropea, Scilla, Reggio, Cotrone; 6,000 hommes à Pescara, Chieti, Civitella, Trani, Foggia, Matera, Barletta, Brindisi, Otrante, Gallipoli, Manfredonia, Lecce, Tarente, pour 100 lieues de côtes.

Le total s'élève à 35,000 hommes, et il n'y a rien de plus.

Mais tandis que Joseph écrivait d'une manière, son chef d'état-major, César Berthier[2], envoyait à Paris des états de situation fort différents. Sa lettre du 15 juin était à peine partie qu'il reçut une lettre très importante de Napoléon, datée du 7 juin[3], et qui paraît répondre à celle du 30 mai : « Je ne puis vous envoyer aucun renfort... Par votre état de situation, il résulte que vous avez 53,000 hommes, dont 8,000 aux hôpitaux, ce qui fait 45,000 hommes bien portants, présents sous les armes. C'est 15.000 de plus qu'il ne vous faut... Si avec l'armée

---

[1] *Mémoires*, t. II, p. 297.

[2] César Berthier, frère du maréchal Berthier, 41 ans, était impropre aux fonctions de chef d'état-major. Il n'était ni exact, ni discret, ni laborieux. Napoléon et Joseph le ménageaient à cause de son frère. On s'en débarrassa dans l'hiver 1807 à 1808 en le nommant gouverneur de Corfou, où il ne réussit pas mieux.

[3] *Correspondance*, n° 10329.

que vous avez vous ne pouvez prendre la Sicile, Gaëte et maintenir Naples, vous ne le ferez pas davantage avec 100,000 hommes.

« Je vais analyser l'état de situation que vous m'avez envoyé
en date du 29 mai. Qu'avez-vous besoin de 2 compagnies d'artillerie à cheval à Naples, c'est-à-dire 120 hommes? 4 régiments d'infanterie à Naples sont beaucoup trop; 2 suffisent,
en y mettant, s'il le faut, 1 ou 2 régiments de cavalerie de
plus; la police des grandes villes se fait par la cavalerie, la sur-
veillance des côtes de même. Votre cavalerie est employée de
manière qu'elle ne vous sert de rien. Vous pouvez donc écono-
miser très bien à Naples 3,000 hommes d'infanterie. Un régiment
d'infanterie de ligne à Portici est fort inutile; un à Capoue est
fort inutile. A Portici, il suffit d'un régiment de cavalerie, lequel
fera l'exercice du canon tout aussi bien que l'infanterie; à Capoue,
un régiment de cavalerie est suffisant. Un régiment de cavalerie
à Caserte est assez inutile. Le 1er d'infanterie de ligne est inutile
à Chieti. 2 régiments de cavalerie sont inutiles à Gravina et
Matera. Le 1er régiment italien est inutile à Pescara; le 5e est
inutile à Molfetta. Enfin vous tenez 9,600 hommes depuis Tarente
jusqu'à Pescara; il vous suffit d'en tenir 3,000, ce qui vous
rendra 6,000 hommes disponibles [1]... Voici comment je placerais
vos troupes pendant l'expédition de Sicile : 22e léger et 52e à
Naples; 25e de chasseurs, 14e de chasseurs, 4e de chasseurs
à Naples; ce qui ferait pour cette ville 4,000 hommes, dont plus
de 1,200 à cheval [2]. Ils seraient aussi chargés de garder Portici. Deux régiments de dragons seraient aussi joints à Naples
pour garder la côte de Salerne.

« Le 6e de ligne, le 10e, le 62e, le 101e et le 4e italien avec
800 chevaux, ce qui ferait y compris l'artillerie et les sapeurs,
plus de 9,000 hommes, seraient chargés de Gaëte, en mettant
une petite garnison à Capoue.

« Le 14e léger, le 1er léger, le 1er de ligne, le 20e de ligne, les
29e, 42e et 102e, les Polonais, les Suisses, les Corses et quelques

---

[1] Plusieurs de ces critiques paraissent arbitraires, parce que Napoléon ne
donne pas ses raisons. Joseph répond fort sensément à quelques-unes d'entre
elles, comme on le verra plus loin.

[2] Cela laisse supposer un effectif de 1,400 hommes par régiment d'infanterie
française et 400 par régiment de cavalerie. Il n'y a pas de troupe d'artillerie.

régiments de chasseurs et de dragons, seraient chargés de l'expédition de Sicile. Cela formerait 18,000 hommes, en y joignant
le bataillon de grenadiers des deux régiments qui sont à Naples
et ceux des quatres régiments italiens.

« Pour surveiller depuis Pescara jusqu'à Manfredonia, 400 chevaux et le 2ᵉ régiment italien, 4 pièces d'artillerie ; cela pourrait
former deux colonnes mobiles de plus de 600 hommes qui se
porteraient partout où il serait nécessaire.

« Du côté de Tarente, 3 régiments à cheval, ce qui ferait
1200 hommes, et 2 régiments italiens d'infanterie faisant près
de 4,000 hommes [1], qui pourraient former six colonnes mobiles
de 600 hommes, infanterie et cavalerie, qui occuperaient toute
la presqu'île d'Otrante et se porteraient sur tout le fond de la
botte... Je fais cette répartition pour vous ; car, si c'était moi,
je ne laisserais que 400 hommes à Pescara et qu'un seul régiment dans la presqu'île d'Otrante. »

Voici le premier exemple de placement de troupes détaillé fait
par Napoléon. Il y en eût plusieurs autres pendant les trois mois
qui suivirent, et rien n'est plus instructif que de suivre les modifications de la pensée de l'Empereur.

Ici il n'est pas encore question des échelons qui seront la base
des placements ultérieurs. Napoléon songe à attaquer ses ennemis et ne prévoit pas qu'il faudra peut-être se défendre. « Les
forces de la reine de Naples en Sicile, sont très peu de chose, et
les Anglais n'ont pas plus de 6,000 hommes. Quant aux Russes.
ils n'ont pas 3,000 hommes à Corfou ; ils ne pensent pas à vous.»
Avec ce sentiment de sécurité, que ne justifie ni la vigoureuse
résistance de Gaëte, ni la perte de Capri, que l'on n'avait pu
reprendre, l'Empereur a oublié ses prescriptions antérieures sur
le bouchage hermétique des côtes. Il ne laisse rien dans la
région montagneuse du Silento où la révolte est en perma-
nence [2]. Les deux colonnes mobiles de 600 hommes qui doivent surveiller l'espace compris entre Pescara et Manfredonia
auront chacune de 110 à 120 kilomètres de côtes. Au nord de
Pescara il y a une centaine de kilomètres de côtes non gardées.

---

[1] Cela suppose un effectif de 2,000 hommes par régiment italien.
[2] Elle s'étend sur une centaine de kilomètres de côtes entre Pœstum, au sud
de Salerne, et les confins de la Calabre.

Les six colonnes mobiles de Tarente et d'Otrante auront chacune 85 kilomètres. Il sera facile à un ennemi entreprenant, et aidé des renseignements d'une population qui lui est sympathique, de débarquer les petits détachements de troupes, les subsides et les armes, grâce auxquels l'insurrection ne cessera pas. Probablement Napoléon comprend dans les 18,000 hommes de l'expédition de Sicile, bien qu'il ne le dise pas, les renforts destinés à la première avant-garde de 9,000 hommes et les troupes chargées d'assurer la ligne de communication en Calabre. La somme des troupes placées par Napoléon s'élève à environ 40,000 hommes. C'est un chiffre moyen entre les totaux de Joseph et ceux de son chef d'état-major.

Quand Joseph reçut la lettre de l'Empereur, il se hâta d'y répondre[1] en réfutant son chef d'état-major, c'est-à-dire lui-même. Il a 38,236 présents et pas un homme de plus. Il tâche de justifier ce chiffre et il se trompe dans ses additions, car en totalisant ses chiffres partiels on trouve 28,257 hommes d'infanterie et 7,406 de cavalerie, en tout 35,663 hommes[2]. Il ajoute : « Lorsque Votre Majesté me marque de laisser à Naples deux régiments d'infanterie seulement, elle ne prend pas garde qu'il m'en faut un pour garder les îles d'Ischia et de Procida. Les Anglais ne manqueraient pas de s'en emparer, si je retirais des troupes. Si cela arrivait, on ne pourrait plus sortir de Naples du côté de Terracine. Les promenades publiques en seraient gênées comme le seraient à Paris les Champs-Élysées, si l'ennemi occupait les Invalides et l'École militaire ; j'ai donc dû sacrifier à la défense de ces îles un régiment.

« J'ai à Portici le 20e. Ce régiment fournit sur la côte du golfe aux batteries ; il est familiarisé avec l'exercice du canon. Votre Majesté doit se figurer que depuis Naples jusqu'à Castellamare, où sont les chantiers de la marine, c'est une rue continuelle, aussi peuplée que le faubourg Saint-Antoine. Au milieu de cette route à la Torre dell' Annunziata, est la seule fabrique de

---

[1] Lettre du 17 juin. (*Mémoires*, t. II, p. 302.)

[2] Dans les corps qu'il cite, on trouve les régiments qu'il a envoyés à Ancône et Civita-Vecchia, et qui relèvent du prince Eugène ; par contre, il oublie des corps français, tels que le 42e de ligne et le 23e léger qui sont avec Reynier au fond de la Calabre.

poudre qui existe dans le royaume ; elle est au bord de la mer et ne peut être abandonnée à un coup de main de l'ennemi, ni exposée à la malveillance d'une populace qui dans tous les temps s'est fait remarquer par sa turbulence.

« Cette côte depuis Castellamare jusqu'au cap Anelli[1] est impraticable à la cavalerie...»

Il dit qu'il est impossible de mener de front l'expédition de Sicile et le siège de Gaëte, faute de poudre en quantité suffisante et qu'il se décide pour le siège de Gaëte. Donne-t-il le vrai motif?

Il énumère les batteries existant entre Naples et Reggio. Elles sont à :

Sorrente...........	4 pièces	de 12, 2 de 10, 2 de 8.
Massa............	4 —	de 36.
Campanella.......	3 —	de 4.
Salerne	4 —	de 12, 2 de 36, 2 de 4.
Capo della Licosa..	2 —	de 24.
Palinuro	2 —	de 36.
Sapri	2 —	de 36.
Tropea...........	6 —	de 16.
Palmi...........	2 —	de 4.
Bagnara..........	2 —	de 24, 1 de 6, 1 de 4.
Scilla............	3 —	de 24.
Canatello........	3 —	de 24.
Pentemele........	2 —	de 8, 2 de 4.
Santa Cacorma....	2 —	de 24.
Palazzina........	1 —	de 8, 1 de 4.
Reggio..........	4 —	de 4, 2 de 24.

Cela fait un total de 61 pièces, dont 20, entre Scilla et Reggio, sont sur le détroit, et 12 de Tropea à Bagnara n'en sont pas éloignées. Entre Tropea et Sapri il y a une distance de 180 kilomètres. C'est dans cet intervalle qu'eut lieu, quinze jours plus tard, le débarquement anglais qui réduisit à néant tous les projets d'invasion en Sicile.

---

[1] Ce nom n'est point marqué sur les cartes. Le cap doit se trouver au sud de la presqu'île de Sorrente, près de Salerne.

Enfin Joseph prévenait qu'une flotte anglaise croisait sur les côtes de l'Adriatique et que Gouvion-Saint-Cyr réclamait des renforts.

Dans plusieurs lettres suivantes [1], Napoléon revient sur la nécessité de l'expédition de Sicile. Il négocie avec les Anglais à Paris, et la Sicile est la pierre d'achoppement. Pitt, son ennemi personnel, est mort. Fox, son admirateur, est premier ministre. Il désire la paix. Mais il ne peut reconnaître à Joseph la possession de la Sicile, sans qu'elle soit conquise. De son côté, Napoléon est résolu à continuer la guerre plutôt que de renoncer à cette île.

Le 26 juin, Napoléon [2] répond à la lettre du 17 : « Ne ralentissez pas l'expédition de Sicile. Croyez-moi, la poudre ne vous manquera pas... Deux batteries de 3 pièces de 24 ne sont pas suffisantes à Canatello et à Scilla. Si, comme le dit votre écuyer [3], vous comptez faire le rassemblement de vos troupes à Scilla, il faut là un plus un grand nombre de pièces ; il vous faut une trentaine de pièces de 18, de 24, de 36. »

---

[1] *Correspondance*, nos 10395 et 10396, 21 juin ; no 10409, 24 juin, etc.

[2] *Correspondance*, no 10416.

[3] Un aide de camp de Joseph, envoyé à Paris.

II

Le débarquement des Anglais et la défaite de Reynier.

Cependant un gros orage se formait en Sicile. Les Anglais avaient réuni à Milazzo et à Messine, vers le milieu de juin, vingt-cinq transports capables de contenir chacun de 200 à 300 hommes. Ils y embarquèrent 5,000 hommes de leurs troupes, commandés par le général Stuart. Ce convoi, protégé par une escadre de bâtiments de guerre, resta pendant quelques jours à Messine. En même temps, une flottille de trente-cinq barques et felouques chargées de soldats croisait en face de Reggio et menaçait la côte sud de Calabre.

Vers le 29, Reynier, qui se tenait à Campo, entre Reggio et Scilla, constata le départ du convoi des Anglais pour le Nord-Est. Il comprit que la flottille de barques n'était destinée qu'à le tromper et que Naples ou Gaëte n'était pas le but de la grande expédition [1]. Craignant d'avoir ses communications coupées, il partit aussitôt avec les troupes qu'il avait sous la main. C'était le 23e léger et une partie du 42e de ligne. Il leur assigna comme but les bords de l'Angitola, petite rivière qui se jette dans le golfe de Sainte-Euphémie, à 5 kilomètres au nord de Pizzo et à une centaine de kilomètres de Reggio, sur le chemin de Cosenza. On se rappelle que le corps de Reynier comptait, à l'origine, 11,000 hommes, mais il était très divisé par la nécessité de garder les batteries de côtes et les dépôts de vivres et de munitions sur la ligne de communication. Des colonnes mobiles parcouraient le pays à moitié soulevé. Enfin des prélèvements momentanés avaient été opérés pour renforcer l'armée qui assiégeait Gaëte.

Reynier arriva le 1er juillet à Monteleone (80 kilomètres de

---

[1] Voir le rapport de Reynier, écrit le 5 juillet à Catanzaro. Il est inséré au t. II des *Mémoires de Joseph*, p. 376.

Reggio). Il apprit que la nuit précédente le corps anglais avait débarqué à Sainte-Euphémie et que trois compagnies de Polonais qui s'étaient portées de ce côté avaient été repoussées avec perte. Il n'eut pas le courage de faire évacuer Reggio, Scilla, Tropea ; il se borna à rappeler à lui les troupes qui ne tenaient pas garnison dans des lieux fortifiés. Le 2 juillet, il campa près de l'Angitola (14 kilomètres de Monteleone), et le 3 près de l'Amato, non loin de Maida, à 17 kilomètres de l'Angitola. Il y réunit, la nuit suivante, une force de 5,150 hommes.

A Sainte-Euphémie, les bâtiments de guerre avaient pu s'approcher de la côte jusqu'à demi-portée de canon. Le débarquement anglais s'était effectué sans difficulté, et la nouvelle s'en était répandue comme une traînée de poudre. Aussitôt le pays se souleva. Des bandes de paysans armés vinrent joindre les Anglais, d'autres occupèrent les châteaux de la côte, tels qu'Amantea (30 kilomètres au nord de Sainte-Euphémie), que les Français avaient négligé de démanteler et où ils ne purent rentrer, quelques mois plus tard, que moyennant un siège.

Sir John Stuart devait être exactement renseigné par les habitants sur la position et le nombre des Français.

Le 1er juillet au soir, les trois compagnies polonaises qu'il avait repoussées dans la journée s'étaient repliées sur l'Angitola, à une vingtaine de kilomètres. Plus près de lui, sur l'Amato, à une quinzaine de kilomètres, se trouvait une compagnie de Polonais et 150 hommes du 7e chasseurs partis de Catanzaro et commandés par le général Digonnet. Au Nord, à environ 50 kilomètres de pays accidenté, le général Verdier occupait Cosenza avec 800 hommes. Le 2, le général Stuart aurait dû tenter de détruire le détachement Digonnet, puis se porter soit sur Verdier, soit sur Reynier, en masquant l'un et en attaquant à fond l'autre. Au lieu de cela, il prit une position défensive, la gauche au village de Sainte-Euphémie, la droite à une vieille tour de Malte, où il installa une forte batterie. Le 3, la situation était pareille, quoique moins bonne pour lui, parce que Reynier approchait de l'Amato. Il resta immobile. Le 4, il quitta sa position, mais ce ne fut pas pour marcher en avant. Il se rapprocha de la mer en deux colonnes et marcha vers l'embouchure de l'Amato. Puis, après plusieurs marches et contre-marches, il se forma sur deux lignes, le dos à la mer et la droite à l'Amato. Il avait 8 pièces

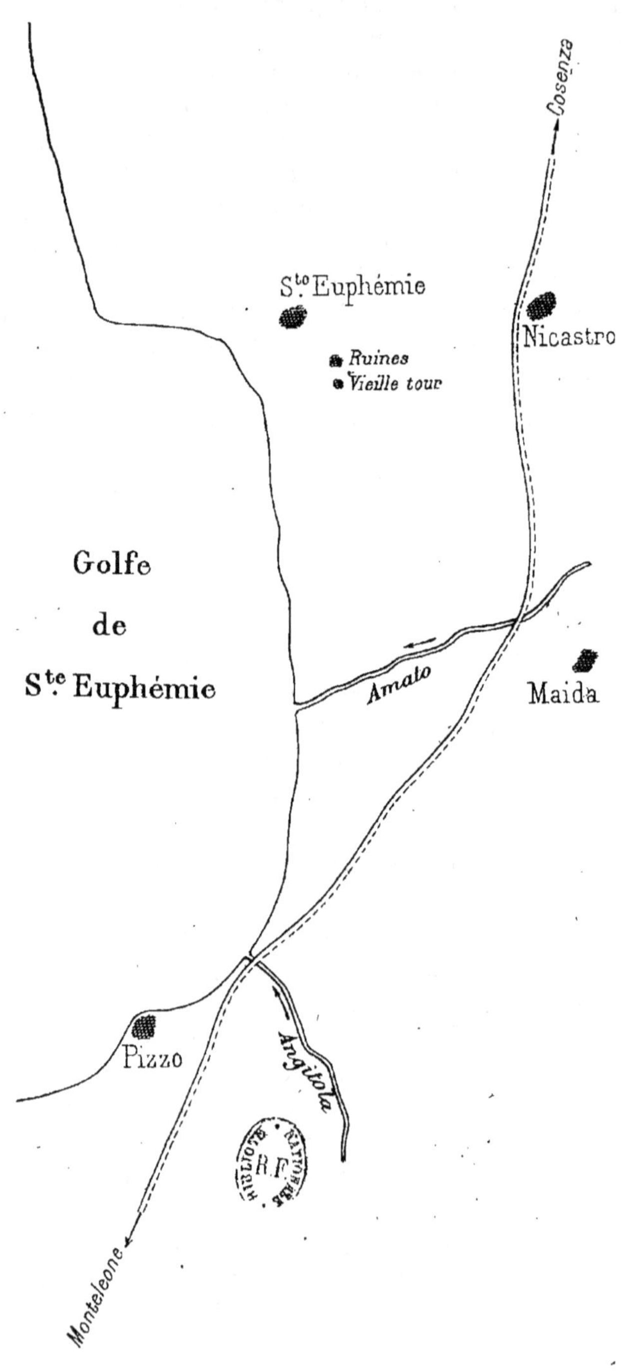

Cosenza
S.te Euphémie
Nicastro
Ruines
Vieille tour
Golfe
de
S.te Euphémie
Amato
Maida
Pizzo
Angitola
Monteleone

d'artillerie sur son front et chaque aile était flanquée par des vaisseaux de guerre et plusieurs canonnières. Le terrain sur lequel il était établi était bas et malsain. Les Anglais n'auraient pu y séjourner longtemps sans en ressentir les pernicieux effets.

Le bon sens et les principes les plus incontestables de la tactique auraient dû engager Reynier à prendre le temps pour allié et à n'attaquer que lorsqu'il aurait été rejoint par les détachements qu'il était le maître d'appeler à lui. Il y avait, sans compter les garnisons de Reggio, Scilla, etc., 200 hommes à Cotrone et 800 hommes à Cosenza, à des distances respectives de 80 et 70 kilomètres. Ils pouvaient le rejoindre en deux ou trois jours. Au delà, vers Cassano, il y avait d'autres troupes en état de l'appuyer. Le colonel Lebrun, aide de camp de Joseph, qui se trouvait auprès de lui, lui conseilla de mettre tous les atouts dans sa main avant de risquer la partie. Mais Reynier, emporté par sa fougue, ne voulut rien entendre. La principale raison qu'il donne pour attaquer est que, le terrain où il se trouvait étant couvert de bois, les habitants révoltés pouvaient s'approcher à couvert et l'attaquer de dos. Elle ne vaut rien, parce qu'il était libre de se garder à distance ou d'aller à la rencontre de Verdier sur le chemin de Cosenza.

Reynier prit ses dispositions d'attaque le 4 juillet, à 9 heures du matin. Il divisa ses troupes en trois groupes : le premier à gauche, sous les ordres du général Compère, se composait du 1er léger et du 42e de ligne, 2,400 hommes ; — le deuxième au centre, sous le général Peyri, un bataillon suisse et un régiment polonais, 1,500 hommes ; — le troisième à droite, général Digonnet, 23e léger, 1,250 hommes. Une quatrième fraction, composée de quatre pièces d'artillerie légère et du 9e chasseurs à cheval, sous les ordres du général Franceschi, était au centre [1].

Reynier n'eut qu'une idée, éviter le feu de la flotte ennemie. A cet effet, il prit comme objectif le centre anglais. Il fit passer

---

[1] Ces chiffres sont empruntés au rapport de Reynier, comme le total de 5,100 hommes. Celui-ci paraît trop faible. Il semble bien que Reynier ait eu une légère supériorité numérique sur Stuart, dont il augmente l'effectif pour excuser son échec. D'autres points de son récit inspirent des doutes.

l'Amato à ses troupes et prescrivit une formation en échelons, la gauche en avant. Le 1ᵉʳ léger chargea et s'avança jusqu'à mi-portée de fusil des régiments anglais, qui restaient au port d'armes sans tirer. Le 42ᵉ de ligne, à droite et un peu en arrière, fit de même. Les bataillons anglais commencèrent alors un feu nourri. Arrivé à quinze pas de ces hommes impassibles et solides comme un mur, le 1ᵉʳ léger hésita et tourna le dos ; à cette vue, le 42ᵉ l'imita. Reynier voulut faire appel à la seconde ligne, mais déjà les Polonais étaient en fuite, et les Suisses, hésitants, ne purent que ralentir un peu la ligne ennemie, qui poussait le 1ᵉʳ et le 42ᵉ. Quant au 23ᵉ léger, il avait échappé à la direction de Reynier et, laissant un grand intervalle entre lui et le centre, il avait attaqué la gauche ennemie. Reynier donna l'ordre de se retirer sur Catanzaro. Les Anglais lui prirent son camp, ses bagages et ses convois, et ne le poursuivirent pas. Ils ramassèrent quelques prisonniers, dont le général Compère blessé.

Le lendemain Reynier, écrivant à Joseph, de Catanzaro, dit qu'il lui restait environ 4,300 hommes, dont 300 blessés.

Sa tactique avait été aussi médiocre que sa stratégie. Sa crainte exagérée de l'artillerie des vaisseaux anglais l'amena à attaquer le centre ennemi. Cela prouve qu'il n'estimait pas à sa valeur l'infanterie anglaise. Telle elle était pendant la guerre de Cent Ans, telle elle était à l'époque de Napoléon, et les causes profondes de nos défaites à Crécy, à Poitiers, à Azincourt sont les mêmes qu'à Talavera, Vittoria, Waterloo ou au combat insignifiant de Sainte-Euphémie. Le soldat anglais a un calme et une maîtrise de lui-même devant lesquels se brise la furie française. Il faut donc éviter de l'attaquer de front. Mais sa solidité est doublée d'une certaine gaucherie ou lourdeur dans les mouvements et de grandes exigences de bien-être. Il faut donc le prendre de flanc et à revers, le harceler sans répit, lui couper ses convois, l'amener à de faux mouvements qui le fatiguent et le découragent, rester invisible et ne paraître que quand il est épuisé. La légèreté et l'endurance du troupier français le rendent particulièrement propre à ce genre d'opérations. Toutes nos guerres malheureuses contre les Anglais sont caractérisées par de grandes batailles décisives. Dans nos guerres heureuses, il n'y en a pas une seule. Charles V reconquit son royaume sans en livrer et Charles VII fit de même. Napoléon, dans sa campagne de 1808 contre le général Moore, ne se servit guère que des jambes de ses soldats.

Comme la plupart des hommes de sa génération, Reynier avait peu d'instruction théorique ; il avait vécu dans une action ininterrompue, et on ne saurait lui reprocher de n'avoir jamais réfléchi sur les batailles de la guerre de Cent Ans. Mais il est blâmable, après s'être arrêté au parti le plus dangereux, d'avoir pris de mauvaises dispositions. Il divisa ses troupes en quatre groupes. D'après son rapport, on ne sait ce qu'il fit du quatrième : il n'en parle plus après l'avoir cité. C'était de l'artillerie légère et de la cavalerie placées derrière le centre, c'est-à-dire dans l'endroit où elles étaient le moins capables de rendre un service. Des trois groupes d'infanterie, le deuxième et le troisième avaient le caractère de réserves, mais Reynier ne prononce pas ce mot dans son rapport. Cela prouve que ses idées n'étaient pas nettes. Donc ses ordres ont dû s'en ressentir et être mal donnés. S'ils avaient été précis, le 23ᵉ léger n'aurait pas attaqué la gauche anglaise contre ses intentions. Pour que ce mouvement lui échappât sur un champ de bataille très restreint (il était délimité par le front de 5,000 Anglais en deux lignes à rangs serrés, probablement sur plusieurs rangs dans chaque ligne), Reynier ne dut pas être à sa place, c'est-à-dire dans le voisinage de ses réserves. De fait il ressort de son compte rendu qu'il accompagna l'attaque de la première ligne. D'où cet aveu pénible pour un général : « Les troupes qui s'étaient débandées s'étant retirées très loin du champ de bataille, je n'en avais plus de disponibles [1]. » C'était l'aveu de sa faute.

Le combat de Sainte-Euphémie n'est pas honorable pour les troupes françaises. Elles ont un merveilleux élan qui les rend propres à l'offensive. Par malheur, il y entre une bonne part de nervosisme, d'où des découragements subits qui parfois succèdent à l'exaltation, presque sans transition. Le 1ᵉʳ de ligne et le 42ᵉ furent ébranlés par le seul fait de n'avoir pas reçu de coups de fusil à la distance habituelle. Comme à quinze pas l'infanterie anglaise ne faisait pas mine de craindre une rencontre à la baïonnette, ces deux corps tournèrent le dos sans avoir subi de

---

[1] *Mémoires de Joseph*, t. II, p. 383.

pertes énormes. Leurs nerfs ne purent supporter le sang-froid anglais. On peut ajouter comme circonstances atténuantes que, le général Compère, qui chargeait à cheval (!) à leur tête, fut blessé, renversé et fait prisonnier. Ce fait dut contribuer à la déroute.

Reynier se retira sur Catanzaro. On peut se demander si ce fut de propos délibéré, et s'il ne se borna pas à suivre les troupes qui quittaient le champ de bataille. Le matin la possibilité d'un échec ne lui ayant pas traversé l'esprit, il ne paraît pas qu'il ait rien prévu pour cette éventualité. Catanzaro, à 30 kilomètres du terrain de l'action, n'avait rien qui put l'attirer, un vieux château normand et une population ayant déjà arboré le drapeau de l'ancien roi sur ses monuments. Au delà, à 50 kilomètres, dans une direction excentrique, était la garnison de Cotrone, forte de 200 hommes. Sa meilleure ligne de retraite était sur Cosenza, où le général Verdier, un homme de tête, disposait de 800 hommes. Il faut toujours se retirer sur ses renforts. Or non seulement Reynier aurait trouvé à Cosenza des troupes qui lui étaient subordonnées et lui auraient permis de rétablir l'équilibre rompu, mais il eût été sur le chemin des secours que Joseph pouvait lui envoyer. A Catanzaro il pouvait être coupé.

Joseph prévenu de l'échec, le 8 juillet, envoya de suite deux bataillons au général Verdier. D'autres renforts suivirent.

Le général Stuart ne profita pas de sa victoire. Au lieu d'utiliser le prestige qu'il avait acquis et sa position entre Verdier et Reynier pour les détruire l'un après l'autre, il se tint longtemps immobile dans le voisinage de Maida, puis rétrograda lentement vers le fond de la botte en enlevant les postes que Reynier avait négligé d'emmener, et en détruisant les préparatifs de l'expédition de Sicile. Il ne sympathisait pas avec les Siciliens dont la cruauté le révoltait. Ceux-ci massacraient les isolés, assassinaient les malades dans les hôpitaux et torturaient ceux des leurs qui entretenaient des rapports corrects avec les Français. C'est ainsi qu'un prince chez qui Joseph avait logé eut les yeux crevés et fut crucifié. Les guerres d'Espagne ne furent pas plus atroces. Stuart était humain ; il promit dix ducats (44 francs) par soldat et 15 ducats (66 francs) par officier français qui seraient amenés sains et saufs dans son camp. Il en sauva ainsi un certain nombre.

Reggio capitula le 10 juillet presque sans résistance. Scilla, mauvais château, éventré par le tremblement de terre de 1783, tint jusqu'au 28 juillet, grâce à la présence d'esprit et au courage du commandant du génie Michel qui ne céda qu'après avoir épuisé sa provision d'eau potable. Aux termes de la capitulation les garnisons (680 hommes pour Reggio et 500 hommes pour Scilla) furent ramenées en France.

Reynier ne quitta Catanzaro que le 26 juillet. Il arriva à Cotrone le 27. Il y laissa 200 malades ou blessés et une assez forte garnison de Polonais et de canonniers. Ce fut une fâcheuse résolution, car Cotrone capitula le 30 juillet devant les insurgés. A partir de Cotrone il dut prendre de vive force la plupart des villes ou villages qu'il était obligé de traverser. Tout le pays était à feu et à sang. Une flottille anglaise suivait les Français dans leur marche le long de la côte et encourageait les Calabrais dans leur résistance. Des officiers napolitains dirigeaient souvent les paysans armés. Tous pour Reynier sont des brigands et des bandits ; Napoléon et Joseph se servent d'ailleurs des mêmes expressions. Reynier arriva à Cassano le 3 août [1].

Verdier avait quitté Cosenza bloqué par les paysans révoltés en même temps que Reynier évacuait Catanzaro. Il se retira en combattant jusqu'à Matera en Pouille et revint faire sa jonction avec Reynier dans les premiers jours d'août.

Cependant Gaëte avait capitulé le 18 juillet, après quatre mois de tranchée ouverte, et onze jours de bombardement. Nous avions subi une perte de 790 soldats et 29 officiers tués ou blessés. La garnison forte de 7,000 hommes eut la facilité de s'embarquer pour la Sicile avec armes et bagages. On peut affirmer que la résistance de Gaëte empêcha la conquête de la Sicile en paralysant le premier élan des Français et en les obligeant à se diviser. Ce siège est l'opération la plus considérable de la campagne. Il offrait des difficultés particulières, puisqu'il fallait cheminer sur un isthme de 450 mètres de largeur pris à revers des deux côtés par la flotte anglaise. Mais c'est un tout à part et nous n'en ferons pas le récit, malgré l'intérêt qu'il présente.

---

[1] Rapport de Reynier, non daté, écrit à Cassano, sur cette marche (*Mémoires de Joseph*, t. III, p. 103),

Après quelques jours de repos Joseph dirigea le corps de siège vers la Calabre et chargea Masséna, son illustre chef, de la reconquérir[1].

C'est le 19 juillet que Napoléon apprend le débarquement des Anglais. Tout d'abord il est plein d'illusions : « Rien n'est plus heureux que le débarquement des Anglais. Le général Reynier aura été rallié par les brigades qui se trouvent en échelons sur les différents points de la côte, et culbutera les Anglais. Ceux-ci, sans cavalerie, ne peuvent pas avoir la prétention de se maintenir dans le pays. Il est probable qu'ils s'en repentiront. Vous avez une nombreuse cavalerie et ils n'en ont point. Il est difficile de concevoir quelle fatalité les a poussés[2]. »

Tout est contraire à la réalité dans cette lettre :

1º L'évaluation du caractère et des talents de Reynier, qui n'a pas eu la force d'âme d'évacuer Reggio, Scilla, Tropea, Cotrone, Cosenza, etc... pour marcher à l'ennemi avec toutes ses troupes ;

2º L'idée de la nature du pays. La Calabre est montagneuse, boisée, coupée, très peu propre à l'action de la cavalerie ;

3º La prétendue nécessité pour un envahisseur d'avoir beaucoup de cavalerie. Quand les habitants sont pour lui, il peut être toujours parfaitement renseigné sans cavalerie. Rappelons-nous l'emploi des espions chinois par les Japonais en Mandchourie.

Le 21 juillet (la défaite de Reynier est du 4) le ton change[3]. « Mon Frère, je reçois votre lettre des 11 et 12 juillet. Vous n'aviez pas encore de nouvelles du général Reynier, et vous n'aviez fait aucun mouvement de Naples. L'art de la guerre, dont tout le monde parle, est un art difficile ; vous n'avez pas un homme dans votre conseil qui en ait les premières notions... On négocie toujours avec les Anglais. La Sicile est toujours la pierre d'achoppement. Cependant ils paraissent céder un peu. Mais, par Dieu ! avec 36,000 hommes ne laissez pas écraser une de vos divisions. Puisque vous n'avez pas de nouvelles de Reynier, c'est que la communication est coupée et que le pays est insurgé.

---

[1] En annonçant la capitulation à Napoléon (lettre du 19 juillet, *Mémoires*, t. II, p, 390), Joseph dit en soulignant : « *M. le maréchal Masséna a mis dans cette opération son obstination et son activité ordinaires.* »

[2] *Correspondance*, nᵇ 10522.

[3] *Correspondance*, nº 10529.

« Je regrette cette grande quantité d'affaires qui me retiennent
à Paris. Si j'avais été à Naples, pas un Anglais ne serait débarqué, ou, s'ils avaient débarqué, ils auraient été enveloppés, avant
quatre jours, par des forces doubles et poursuivis par des colonnes de cavalerie; pas un n'aurait échappé. Mais qu'y faire?
Ce résultat aurait été obtenu par des mouvements de brigades
en échelons. »

Cette lettre, peu flatteuse pour les généraux dont Joseph pouvait prendre le conseil (Jourdan, Masséna, Gouvion Saint-Cyr,
etc...) contient en germe la théorie dont nous verrons bientôt
l'application par le maître lui-même. Joseph n'y dut rien com-
prendre, mais il put regretter que son frère n'eût qu'une lueur
passagère de ce gros bon sens que le peuple traduit par le pro-
verbe : *Qui trop embrasse mal étreint.* N'insistons pas sur l'expression fanfaronne que Napoléon donne à sa pensée. Il est trop
certain qu'il se vante en se faisant fort d'envelopper un corps
de débarquement, avant quatre jours, par des forces doubles.
Cela dépend quelque peu de l'effectif de ce corps, de sa position, de celle de ses échelons à lui, de l'état des chemins et du
pays, etc.

Le même jour, 21 juillet, à 10 heures du soir, Napoléon écrit
à son frère une seconde lettre dans laquelle les inquiétudes du
matin ont disparu [1]. La mégalomanie de l'Empereur s'accentue
au contraire : « ... J'espère que par la vigueur que vous mettrez
à avoir un bon corps d'armée et une escadre, vous m'aiderez
puissamment à être *maître de la Méditerranée, but principal et
constant de ma politique...* Je préférerais soutenir dix ans de
guerre que de laisser votre royaume incomplet et la possession
de la Sicile en contestation. » Il faut recommander cette lettre
aux historiens récents qui ont voulu démontrer les tendances
pacifiques de Napoléon. La France pouvait se passer de la Sicile;
elle a dû, hélas ! renoncer à des possessions plus utiles.

Le 24 juillet, il reçoit une lettre de Joseph datée du 14 qui ne
contient aucune nouvelle de Reynier. Le roi craint un débarquement des Anglais à Naples, arme les employés français, déclare
qu'il ne peut s'éloigner de Gaëte, forme une garde bourgeoise de

---

[1] *Correspondance*, n° 10536. Les mots soulignés sont indiqués d'après les
Mémoires de Joseph, t. II, p. 395.

6,000 hommes, etc.[1]. L'Empereur répond aussitôt[2] : « ... Comment, avec 36,000 hommes, vous vous êtes réduit à la défensive devant 8,000 Anglais, et vous leur abandonnez les deux tiers de votre royaume ! Il n'y a pas dans votre conseil deux idées militaires... Vous ne m'annoncez pas que vous faites des mouvements sur la Calabre pour dégager les généraux Verdier et Reynier ; mais je me fie, pour le salut de ces deux généraux, sur la lenteur et la malhabilité des Anglais sur terre. »

La dernière pensée est d'une profonde vérité.

Enfin le 26 juillet, il reçoit une lettre de Joseph datée du 17 qui annonce l'échec de Reynier et contient le rapport de celui-ci. Le roi rend compte qu'il a donné l'ordre à Reynier et à Verdier de se porter sur Cassano, et au général Vintimille, qui leur amène un secours de 1,500 Napolitains et Français, de s'arrêter à Castrovillari, non loin de Cassano[3]. Napoléon répond[4] : « Je vois que vous dirigez toutes vos opérations de guerre à contre-pied. Je ne puis concevoir qu'ayant autour de vous tant de personnes qui ont l'expérience de la guerre, il y en ait si peu qui puissent vous donner un bon conseil. Vous avez une armée telle que non seulement vous pouvez faire le siège de Gaëte et garder Naples, mais encore repousser tout débarquement et reconquérir la Calabre. Mais tout cela n'a point de mouvement ni de vie, point d'organisation ni de direction. Jusqu'à cette heure vous prenez le mauvais parti. Mais j'ai tort de vous affliger. Je vous avais prévenu de ne pas trop écouter Dumas qui n'a aucune habitude de la guerre... — Il paraît que personne ne sait où sont vos troupes, qu'elles sont disséminées partout et en force nulle part. Le général Reynier a mal fait ses dispositions de bataille et n'a pas su diriger 6,000 hommes devant l'ennemi. Mais depuis, il a été abandonné d'une manière affligeante ; qu'est-ce qu'il deviendra, n'ayant pas même contenu le chef-lieu de la province[5] ? Quant à moi, tout ce qui arrive en Calabre ne m'étonne pas ; il y a longtemps que je connais ce genre d'esprit, la politique que

---

1 *Mémoires*, t. II, p. 369.
2 *Correspondance*, n° 10554.
3 *Mémoires*, t. II, p. 373.
4 *Correspondance*, n° 10554.
5 Cosenza.

vous suivez avec les peuples de Naples est l'inverse de la politique à suivre avec les peuples conquis.

« Marchez donc en force. Ne disséminez point vos troupes. J'imagine que vous avez armé tous les châteaux de Naples. Que veut dire cette garde nationale de Naples? C'est s'appuyer sur un roseau, si ce n'est donner une arme à ses ennemis. Oh! que vous connaissez peu les hommes! Prenez donc enfin un parti vigoureux et tenez vos troupes dans vos mains, en échelons, de manière à pouvoir réunir 18,000 hommes sur un point et écraser vos ennemis. Je ne vois dans votre lettre aucune réunion de forces; tout cela ne me paraît pas clair. »

Napoléon est trop sévère pour Joseph et trop indulgent pour Reynier. Gaëte a capitulé depuis huit jours, mais il n'en sait rien. Il a perdu ce siège de vue dans le feu de son improvisation. Tant que Gaëte tient, Joseph ne peut réunir 18,000 hommes en Calabre, parce qu'il n'a pas 18,000 hommes disponibles.

III

Placement des troupes en échelons.

Deux jours plus tard, le 28 juillet, Napoléon, pour la première fois, traite en détail la question de placement des troupes en échelons et se met à la portée de Joseph [1].

« Mon Frère, je suis dans la confiance que vous ne tarderez pas à avoir Gaëte. Cette place nous devient bien importante.

« Le général Reynier a dû s'attendre qu'on irait à son secours; il peut avoir manœuvré en conséquence et se trouver très exposé. Il est important que le plus tôt possible une force imposante de 10,000 hommes, infanterie, cavalerie, artillerie, se rende à Cassano pour dégager ce général et se réunir à lui; car ils sont incalculables les événements qui peuvent lui être arrivés. La première faute de tout ceci est d'avoir tenu des troupes à Naples. Je vous en avais prévenu. Des commandants dans les forts, des vivres, des munitions, des dépôts, voilà tout ce qu'il faut à Naples, avec un ou deux régiments de cavalerie et un d'infanterie. On s'est trop établi comme en pleine paix. Vous avez trop ajouté confiance aux Napolitains. C'est une première faute qui a des suites. Il faut s'en corriger, entrer en Calabre, désarmer les rebelles et faire des exemples qui restent. L'ancienne reine, en faisant ce qu'elle fait, fait son métier de reine. C'est par de la rigueur et de l'énergie qu'on sauve ses troupes, qu'on acquiert leur estime et qu'on en impose aux méchants. Une fois le général Reynier dégagé et réuni à vos renforts, il faut tenir vos troupes en échelons par brigades, à une journée de distance entre elles de Naples à Cassano, de manière qu'en trois jours quatre brigades, formant 10,000 ou 12,000 hommes, puissent se réunir. Vous avez trois régiments français qui ont donné avec Reynier;

---

[1] *Correspondance,* n° 10558.

il vous en reste onze qui n'ont rien fait : en y réunissant deux
régiments d'infanterie et un de cavalerie, les Italiens, les Corses
et vos Napolitains, cela peut très bien vous faire huit brigades
de plus de 3,000 hommes chacune, sous les ordres de deux lieutenants généraux et de quatre généraux de brigade, qui peuvent
se correspondre et se réunir en peu de temps. C'est par ces placements en échelons qu'on est sur la défensive, à l'abri de tous
les événements : en ce que, lorsqu'on veut ensuite prendre l'offensive pour un but déterminé, l'ennemi ne peut le connaître
parce qu'il vous a vu sur une défensive redoutable, et qu'avant
les changements qui se sont passés sur la défensive, les dix ou
douze jours des opérations sont terminés. Je ne sais si l'on com-
prendra quelque chose à ce que je dis là. On a fait de grandes
fautes dans la défensive, et l'on n'en fait jamais impunément ;
l'homme exercé s'en aperçoit au premier coup d'œil, mais les
effets s'en font sentir deux mois après. Puisque les deux points
importants étaient Gaëte et Reggio et que vous aviez 38,000
hommes, il fallait avoir en échelons dix brigades formant cinq
divisions qui, placées à une marche ou deux s'il le fallait, pouvaient se correspondre. L'ennemi vous eût trouvé dans une position telle qu'il n'eût pas osé bouger, car dans un moment vous
eussiez pu réunir des troupes à Gaëte, à Reggio, à Sainte-Euphémie, et sans qu'il y eût un jour de perdu. Voilà les dispositions
qu'il faut prendre pour l'expédition de Sicile. Vous devez partir
d'un ordre défensif tellement redoutable que l'ennemi n'ose vous
attaquer, et abandonner toute position derrière vous, hormis les
dispositions défensives de votre capitale, et être tout offensif
contre l'ennemi qui, la descente faite, ne peut rien tenter. C'est
l'art de la guerre ; vous verrez beaucoup de gens qui se battent
bien et aucun qui sache l'application de ce principe. S'il y avait
eu à Cassano une brigade de 3,000 ou 4,000 hommes, rien de
ce qui est arrivé ne serait arrivé. Elle aurait été à Sainte-Euphémie en même temps que le général Reynier, et les Anglais auraient
été culbutés, ou plutôt ils n'auraient pas débarqué. C'est la
fausse position de votre défensive qui les a enhardis.

« Les fausses dispositions faites en Calabre me coûtent plus
de monde que ne m'en a coûté la Grande Armée. Tout l'art de la
guerre consiste dans une défensive bien raisonnée, extrêmement
circonspecte, et dans une offensive audacieuse et rapide.

« Aussitôt que vous aurez Gaëte, retirez vos troupes de Naples, garnissez vos châteaux, approvisionnez-les pour un mois ; laissez-y un régiment de cavalerie et 1,500 hommes d'infanterie pour y faire la police. Laissez votre 1re brigade à deux journées de Naples et en échelons, comme je vous l'ai dit, en consultant un peu les localités. »

Cette curieuse lettre nous fait assister au travail de l'Empereur. C'est une improvisation dictée. Joseph, dit-il, a eu tort de garder à Naples plus de 1 ou 2 régiments de cavalerie et 1 d'infanterie. Napoléon oublie que, le 7 juin, il a conseillé à Joseph de consacrer 2 régiments d'infanterie et 3 de cavalerie à la garde de cette capitale et que, le 17 juin, Joseph lui a fort judicieusement démontré que l'on ne peut tenir cette ville de 500,000 âmes avec les établissements de ses faubourgs et les îles du golfe, surtout depuis l'occupation de Capri par les Anglais, par un effectif aussi faible. Quand Napoléon a reçu cette lettre, il n'a pas protesté, donc il en a dû reconnaître le bien-fondé. Voici que trente jours plus tard il reprend la question à neuf et réduit de moitié la garnison déjà insuffisante. Il ne travaille pas sur les données réelles du problème, mais sur une abstraction, et c'est une faiblesse.

En voici une seconde plus grave : « Vous avez 3 régiments français qui ont donné avec Reynier. Il vous en reste 11 qui n'ont rien fait ». A ce moment, il oublie le siège de Gaëte, et l'oubli est d'autant plus étonnant que le siège est mentionné au début de la lettre. On trouve parmi les troupes françaises du siège les 6e, 10e, 62o et 101e de ligne, et le bataillon du 32e léger. Le service de tranchée a été au moins aussi pénible que celui des trois régiments qui ont combattu à Sainte-Euphémie. Pourquoi le méconnaître ? C'est que, tant que dure le siège, tout le groupement qui va suivre est impossible faute de troupes. C'est une jonglerie avec des effectifs inexistants. D'instinct Napoléon supprime le siège, et nous surprenons sur le vif le défaut qui, six ans plus tard le conduira aux abîmes : l'art de fausser les données d'un problème. Il peut d'ailleurs raisonner juste sur des bases fausses. Nul n'a jamais exposé avec plus de clarté les avantages du placement des troupes en échelons.

Pour en apprécier l'application, mettons-nous dans les conditions où il se trouvait. Il a sous les yeux une carte à petite échelle, et à la main un compas. De Naples à Cassano il y a 230 kilomètres. Les 8 brigades de 3,000 hommes qu'il échelonne entre ces deux extrémités seront à environ 30 kilomètres l'une de l'autre, soit une forte marche, donc bien à portée de se secourir. On pourra concentrer sur une aile 6,000 hommes en un jour, 9,000 en deux, 12,000 en trois, plus difficilement 15,000 en quatre, à cause de la fatigue ; sur le centre, on aura 9,000 hommes en un jour, 15,000 hommes en deux, 21,000 en trois.

Tout à coup l'Empereur se rappelle que les extrémités de la ligne à garder n'étaient pas Naples et Cassano, mais Gaëte et Reggio. Il ne fait qu'effleurer ce second cas, mais il en dit assez pour que nous puissions le suivre. Il fallait avoir en échelons, dit-il, des brigades formant 5 divisions. Cela fait au minimum 10 brigades. De Gaëte à Reggio, il y a 520 kilomètres. Nos brigades seront donc espacées de 52 kilomètres, soit deux marches. Nous pourrons concentrer sur une aile : en deux jours, 6,000 hommes ; en quatre jours, 9,000 hommes ; en six jours, 12,000 hommes, et sur un point central : en deux jours, 9,000 hommes ; en quatre jours, 15,000, et en six jours, 21,000. Tous ces chiffres, d'ailleurs, sont des *minima* de temps et des *maxima* de troupes, car ils ne tiennent pas compte du temps nécessaire à la transmission de l'ordre de concentration. Napoléon dit : « Dans un moment vous eussiez pu réunir des troupes à Gaëte, à Reggio, à Sainte-Euphémie ». D'après ce qui précède, ces moments seront longs, comme les jours de la création. En fait, ils seront plus longs que nous supposions, d'après nos calculs, car une bonne moitié du pays entre Gaëte et Reggio est montagneuse ; donc les chemins sont sinueux et les distances plus grandes que celles données par le compas promené sur une carte à petite échelle. De plus, il n'y a pas de route en allant de Lagonegro vers le Sud ; sur 270 kilomètres, les chemins sont des pistes non entretenues.

Ce dispositif de 10 brigades de 3,000 hommes exige 30,000 hommes. Il ne reste rien pour le siège de Gaëte et l'expédition de Sicile, car Joseph a dû envoyer 3 régiments à Ancône et Civita-Vecchia, détachements motivés par le blocus continental, mais bien malencontreux au point de vue militaire, et il a beaucoup de malades. Tous les plans de campagne antérieurs n'étaient donc que chimère.

Napoléon dit que si une brigade de 3,000 à 4,000 hommes avait été placée à Cassano, elle aurait été à Sainte-Euphémie en même temps que Reynier, que les Anglais auraient été culbutés ou plutôt qu'ils n'auraient pas débarqué. On ne saurait se ranger à l'avis de l'Empereur. Pour que la brigade de Cassano eût eu une action à Sainte-Euphémie, il aurait fallu que Reynier l'appelât à lui. Or, dans sa présomption, il négligea de rappeler les 800 hommes de Verdier qui étaient à moins de deux marches de Sainte-Euphémie. Rien ne permet de supposer qu'il eût été plus sage à l'égard de troupes placées à plus de quatre marches. Reynier, ouvrier médiocre, n'eût pas tiré du dispositif de Napoléon le même parti que lui.

D'ailleurs, si l'effectif de l'armée avait permis d'installer les 10 brigades, celles de Calabre auraient été placées en des points tels que Cosenza, Nicastro, Monteleone et Reggio. Les Anglais l'auraient appris, et ils n'auraient point choisi Sainte-Euphémie comme point de débarquement, parce que Nicastro n'est qu'à une dizaine de kilomètres. Le 4 juillet, Sainte-Euphémie avait pour eux l'avantage d'être assez éloignée des détachements français pour que ceux-ci ne puissent s'opposer au débarquement, et assez rapprochée de la ligne de communication de Reynier pour la pouvoir couper aisément. Or on pouvait couper les communications de Reynier sans débarquer 5,000 hommes en Calabre. Le pays qui s'était soulevé en 1798 avait encore ses cadres organisés. Il suffisait d'aider les chefs de *masses* [1] par des armes, de l'argent, quelques officiers réguliers. Cela, les Français ne pouvaient l'empêcher. Si l'on voulait appuyer l'insurrection de la Calabre par une force comme celle de Stuart, on pouvait trouver dans le golfe de Squillace ou de Tarente un nombre considérable de points ou l'on était sûr de disposer de tout le temps nécessaire pour effectuer le débarquement sans être dérangé.

Notons en passant combien Napoléon s'est éloigné de ses conseils du 11 avril [2] : « Ce n'est pas le long des chemins qu'il faut avoir des troupes, mais il faut être maître des côtes ». Il n'est pas douteux que le second système soit supérieur au premier. Mais lui-même est-il suffisant pour pacifier un pays

---

[1] On appelait ainsi des bandes de paysans fanatisés.
[2] *Correspondance*, n° 10085.

comme le royaume de Naples, où l'on n'a pas l'empire de la mer ?

Gaëte a capitulé le 18 juillet. Dès le 21, Joseph écrit [1] qu'il fait partir pour la Calabre le 52e, le 29e, le 102e, le 22e léger, 1 bataillon napolitain, 1 bataillon corse, de la cavalerie. « Les Anglais ont effectué plusieurs débarquements près de Pescara et de Manfredonia ; ils continuent à canonner l'île de Tremiti ; tout le golfe de Policastro est occupé par l'ennemi ; il débarque sur tous les points ; il nous a surpris un poste de la légion corse à Sapri ; l'ennemi débarque des brigands, de l'argent, des armes, et se rembarque…. L'ennemi a montré depuis quinze jours une grande activité, et a déployé beaucoup de moyens pour semer le désordre et la révolte ; nous combattons un ennemi qui fuit le combat lorsque nous arrivons, et qui porte la guerre où nous ne sommes pas. Ses vaisseaux le servent comme l'anneau enchanté des paladins de l'Arioste qui les dérobait sur-le-champ aux coups de leurs ennemis. Il ne faut pas se dissimuler que tant que nos moyens maritimes seront nuls dans la Méditerranée, ce pays sera livré à la merci des maîtres de la mer ; avec des forces décuples on peut neutraliser leurs efforts, mais ce pays ne peut pas les nourrir dans sa position actuelle… Il ne peut pas être en guerre avec les puissances maritimes. »

Le 30 juillet, ayant appris la capitulation de Gaëte, Napoléon revient avec plus de détails sur le placement des troupes [2] ; il se répète pour être mieux compris : « …J'attends des nouvelles du général Reynier. Je ne puis trop vous répéter de ne pas tenir vos troupes à Naples, en tenant juste le nombre d'hommes nécessaires pour la défense de la ville et des châteaux. Vous-même, placez-vous dans une maison de campagne. Cette mesure qui n'était pas bonne avant la prise de Gaëte, est convenable à présent que les esprits sont rassurés. Donnez-vous bien garde d'écouter les conseils de ceux qui voudraient vous placer entre Bénévent et Capoue. Placez-vous entre Naples et la Calabre ; réunissez vos forces et envoyez des expéditions pour brûler les villages insurgés. J'imagine que vous avez rejeté dans la mer les

---

[1] *Mémoires*, t. II, p. 396.
[2] *Correspondance*, n° 10572.

Anglais qui auraient débarqué du côté de Salerne. Ne vous soumettez pas à l'initiative des mouvements des Calabrais et des ennemis. Vous avez des forces pour reconquérir le royaume de Naples et toute l'Italie. Les Anglais ne sont pas redoutables, mais lorsqu'on les attaque sans artillerie et en désordre, avec la plus grande partie de mauvaises troupes comme les Polonais, il n'est pas étonnant que l'on réussisse mal.

« Le gouverneur de Naples doit avoir une maison de ville ; mais il doit avoir aussi un logement dans les châteaux, qui doivent être approvisionnés pour trois mois.

« Vous ne devez jamais faire aucun pas rétrograde, et périr, s'il le faut, sur le territoire napolitain.

« Toutes les dispositions qui ont été faites ne sont pas bonnes.

« Il ne faut point de troupes à Naples ; avec 100,000 hommes, vous ne garderez pas cette ville, et avec 15,000, vous n'y feriez pas la police, qui peut se faire tout aussi bien avec 1,500. Des mesures vigoureuses rassureront plus la capitale que d'y voir des troupes encombrées dans son sein, et qu'elle s'accoutumera à croire à peine suffisantes pour la police.

« Vous pouvez prendre l'offensive en Calabre sans vous précipiter au fond de la botte, à moins que cela soit nécessaire pour dégager le général Reynier. Vos troupes marcheront avec plaisir. De Cassano à Naples, il n'y a pas plus de 50 lieues. Il n'y a pas un moment à perdre pour placer là votre avant-garde. Cela seul peut mettre en repos votre royaume. Il serait même dangereux, pour les négociations, que cela ne se fît pas bientôt. Cette position, occupée par 6,000 hommes pouvant être renforcés dans un jour par 3,000 autres, et dans deux jours par 6,000 autres qui, en cas d'attaque par des forces très supérieures, pourraient se retirer d'une marche et se réunir encore à 3,000 hommes, vous rendra la tranquillité et fera que les affaires de Calabre n'auront plus d'influence sur la politique. Pendant ce temps, vous organiserez votre service ; vous ferez des expéditions pour soumettre les villages, et enfin, si l'ennemi prétendait vous attaquer sur Naples, en deux jours vous auriez 9,000 hommes sur cette capitale. Mais toutes ces choses ne se font pas ainsi ; un débarquement n'est pas une chose facile ; on le verra toujours précédé par les mouvements de l'intérieur. Je suis très impatient d'apprendre que vous avez occupé Cassano.

La saison va devenir supportable, et l'armée reprendra de l'ardeur. D'ailleurs, faites piller deux ou trois gros bourgs, de ceux qui se sont le plus mal conduits ; cela fera des exemples et rendra aux soldats de la gaieté et le désir d'agir. En supposant que les Anglais eussent beaucoup de forces en Calabre et voulussent soutenir sérieusement une guerre si disproportionnée ; avec une avant-garde à Cassano, appuyée à quelques marches de deux ou trois brigades, vous seriez renforcé en trois jours par 9,000 hommes, et si, enfin, ils ne se croyaient pas suffisamment forts, et se retiraient d'une marche, ils seraient encore rejoints par 3,000 hommes. C'est ainsi que l'on fait la guerre, lorsqu'on a plusieurs points à garder, et qu'on ne sait pas sur lequel l'ennemi vous attaquera. Vous-même pouvez porter votre séjour à 10 ou 12 lieues de Naples. Des postes de cavalerie, des signaux doivent être établis, afin de correspondre avec les points de la côte qui sont sur votre flanc droit, et, quand enfin il en sera temps, que la saison sera rafraîchie, vous vous mettrez en mouvement et reprendrez toute la Calabre.

« Je ne ferai jamais la paix sans avoir la Sicile ; cela n'entre pas dans mes projets. Si les affaires de Calabre y mettent obstacle, et que les affaires du continent ne m'appellent point ailleurs, je me rendrai à Naples à la fin de septembre.

« Vous avez d'aussi bons généraux qu'il peut y en avoir en France. Saint-Cyr est un général très prudent. Il est vrai que Reynier a fait des fautes de toutes espèces et auxquelles je ne m'attendais pas ; l'art d'être tantôt audacieux et tantôt très prudent est l'art de réussir. Du moment que Reynier vous aura rejoint, faites passer les trois régiments qui sont avec lui sur les derrières, dans des positions où ils puissent se reposer ; ce doit être à l'un des échelons intermédiaires, ni le plus près de Cassano, ni le plus près de Naples. »

On peut se demander à quoi tient l'importance de Cassano dans la correspondance de Napoléon et de Joseph. En elle-même, cette ville de 8,000 à 10,000 âmes, avec son château perché sur un rocher, n'a rien de très important. Elle ressemble à beaucoup d'autres situées sur le chemin de Calabre et dont on ne parle pas. Mais elle a deux propriétés militaires : la première d'être au débouché sud de la chaîne de montagnes qui est l'épine dorsale de l'Italie et qu'il faut franchir quand on va de Naples à Cosenza, la seconde d'être rapprochée de la jonction de ce chemin avec celui qui vient de Tarente.

Dans cette même journée du 30 juillet, l'Empereur reçoit la lettre que Joseph lui a écrite le 21 et dont on a vu les passages principaux. Il y répond de suite[1] : « Je vois avec plaisir que vous avez fait partir 6 régiments d'infanterie et 2 de cavalerie pour Cassano. Il y a de quoi soumettre toute la Calabre et culbuter les Anglais. Il est assez inquiétant de savoir ce qu'est devenu le général Reynier ; peut-être se maintient-il aux environs de Cotrone ? Il est urgent de le dégager, car il doit avoir très peu de vivres. Par les différentes lettres que je vous ai écrites, je vous ai fait connaître les dispositions que votre position comportait : des échelons et des échelons, les châteaux de Naples approvisionnés et armés, vos dépôts enfermés dans Gaëte et dans Capoue, et vos 25,000 ou 30,000 hommes placés de manière à pouvoir être réunis en quatre jours pour les trois quarts, et en cinq marches forcées, sur Naples ou sur Cassano. Vous avez des côtes sans doute, mais j'en ai partout, et s'il était vrai que les vaisseaux donnassent tant d'avantage aux Anglais, il s'ensuivrait qu'avec les 40,000 hommes qu'ils ont de disponibles, ils pourraient me tenir en échec un bien plus grand nombre de troupes. Mais pour chaque chose, il faut un plan.

« Il y a longtemps que je vous ai dit que vous disséminiez trop vos troupes ; tenez-les réunies, et il vous arrivera ce qui est arrivé en France : les Anglais ont débarqué plusieurs fois, mais ils ont été bien rossés, et ils n'osent plus débarquer.

« Si vous n'aviez pas laissé Cassano sans forces, et que vous y eussiez tenu 2 régiments au lieu de les tenir dans la Pouille et disséminés sur les côtes, les Anglais eussent été rejetés dans la mer et vous eussiez assuré votre tranquillité pour longtemps. L'idée que Naples ne peut être défendue contre une puissance maritime est une idée ridicule. Si vous dites ensuite que vous devez choisir pour séjour habituel une autre ville que Naples, plus avant dans les terres, je suis de votre opinion. J'aurais bien désiré avoir le plan des forts de Naples, avec une dissertation des officiers du génie, et les plans de Capoue, avec des mémoires qui me fassent connaître les points environnants.

---

[1] *Correspondance*, n° 10573.

« Vous aurez Naples et la Sicile, vous serez reconnu par toute l'Europe ; mais si vous ne prenez point des mesures plus vigoureuses que celles que vous avez prises jusqu'ici, vous serez détrôné honteusement, à la première guerre continentale. Vous êtes trop bon, surtout pour le pays où vous êtes. Il faut désarmer, faire juger et déporter. A mon sens, les premiers travaux à faire, lorsque vous serez maître de la Sicile, c'est d'établir un fort au Pharo et un autre à Scilla. Au reste, soyez sans inquiétude, je vous tiendrai ce que je vous ai promis ; je serai même à la fin de septembre à Naples, s'il le faut... »

Le lendemain 31 juillet, Napoléon revient sur les échelons et prend un cas concret pour en démontrer l'utilité : « ...J'ai vu avec plaisir que vous avez donné 10,000 hommes au maréchal Masséna pour aller en Calabre ; mais j'ai vu avec peine que vous ne placiez pas vos troupes en échelons pour pouvoir en trois jours les réunir, si cela est nécessaire, et tomber sur les Anglais. Je suppose Masséna arrivé à la hauteur de Cassano : qu'il apprenne que les Anglais cernent le général Reynier avec 12,000 hommes et 4,000 ou 5,000 révoltés ? il prendra une position et sera obligé de perdre quinze jours à attendre que vous lui envoyiez des renforts. Au contraire, en plaçant en échelons ces troupes qui, en trois ou quatre jours, pourront le joindre ou revenir sur Naples et Salerne s'il le fallait, il ne perdra point de temps pour dégager Reynier. Vous savez bien que Reynier n'a pas aujourd'hui plus de 4,000 hommes de troupes désorganisées et découragées. Quelle honte et quel malheur si ces braves gens, après s'être défendus, étaient obligés de rendre leurs drapeaux !... »

Cependant Joseph rend compte de l'emploi de ses troupes. Le 4 août, il écrit[1] : « Sire, je pars à l'instant même pour la Calabre. Dès que les généraux Reynier et Verdier auront fait leur jonction avec le corps du maréchal Masséna, que les Anglais seront embarqués de gré ou de force, je retournerai à Naples, où je laisse, avec le maréchal Jourdan, 7,000 Français et 3,000 Napolitains sur lesquels je puis compter...

« ...Votre Majesté verra que j'ai dans le fait, suivi son sys-

---

[1] *Mémoires*, t. II, p. 428.

tème, puisque je pourrai réunir en Calabre 15,000 hommes et à Naples 10,000, deux points que je n'ai pu abandonner et qui sont à vingt journées de marche l'un de l'autre[1]. Les 5,000 à 6,000 hommes restants sont répartis nécessairement dans les garnisons de Gaëte, Capoue, Pescara, Tarente, Cotrone, Salerne, et pour conserver les communications entre Rome et Naples, entre Naples et la Calabre. Je ne conçois pas que Votre Majesté ne rende pas plus de justice au succès de mes efforts. Si Votre Majesté connaissait le pays et la véritable disposition des troupes, Elle verrait que j'ai fait tout ce qu'Elle dit que j'aurais dû faire... »

Le 6 août il atteint San Lorenzo della Padula, qui est plus d'à moitié chemin de Naples à Cassano. Il y reçoit la lettre de Napoléon du 28 juillet et répond[2] : « Sire, je reçois la lettre de Votre Majesté du 28 ; toutes ses réflexions sur les dispositions des troupes me paraissent très sage ; je les ai suivies tant que les circonstances me l'ont permis. Depuis la prise de Gaëte, voici ce que j'ai fait. Votre Majesté verra que je ne pouvais pas faire autre chose :

« J'ai laissé dans les Abruzzes, dans la Pouille, la Terre de Labour, les troupes nécessaires à la garnison et à la police, sans lesquelles ces pays ne peuvent exister sous mes lois pendant dix jours. Ces troupes dont le nombre ne peut pas être diminué, se montent cependant à 7,254 hommes.

« J'ai donné au maréchal Jourdan pour les îles, le golfe et la ville, 6,600 hommes, dont 1200 de cavalerie ; voici sa répartition : îles, 1500 ; forts, 1200 ; Castellamare et batterie de la gauche du golfe, Portici, etc... jusqu'à la pointe de Campanella, 2,000 hommes ; pour la police de la ville à peine 2,000 hommes. Au maréchal Masséna, 8,000 hommes ; à ma réserve composée du 6e réduit à 1100 par les maladies de Gaëte, d'un bataillon napolitain retiré de Naples, du 4e de chasseurs, d'un régiment de grenadiers de 1000 hommes et de 400 hommes à cheval, 36,000 hommes.

---

[1] Il n'y a pas vingt journées de marche de Naples à Cassano qui est à l'entrée de la Calabre. Joseph entend sans doute la distance de Naples au centre de la Calabre.

[2] *Mémoires*, t. II, p. 430.

« Reynier avait, avant le 1er juillet, 9,000 hommes.

« Nous avons au moins 9,000 malades.

« Total général : 43,454 hommes...

« Masséna sera ce soir seulement à Lauria ; son avant-garde pourra être à Castro-Villari demain ; il a été retardé par des brigands débarqués à Sapri, qui s'étaient réunis à ceux du Cilento ; ils ont été battus et dispersés.

« Je reçois à l'instant l'avis que 5,000 à 6,000 hommes sont débarqués à l'île de Capri. Je me porte avec une réserve vers Salerne, où il est possible qu'ils tentent un débarquement, dans la vue d'exciter la révolte près de Naples, ou dans les Abruzzes ; dans ce cas, ils débarqueraient près du Garigliano, ou de Fondi et Itri. »

L'échelonnement se trouvait à peu près réalisé, puisque depuis le 3 août Reynier était à Cassano et avait dû faire sa jonction avec Verdier le lendemain ou le surlendemain. Mais il n'était pas tout à fait celui que Napoléon désirait. Il y avait trop de monde dans le corps de Gouvion Saint-Cyr à l'Est et dans celui de Jourdan à Naples. Reynier, à cause des pertes subies à Sainte-Euphémie et de l'enlèvement des garnisons de Reggio, Scilla, Cotrone, par les Anglais, n'avait guère que 5,000 hommes. On ne communiquait pas directement entre Reynier et Masséna parce que les insurgés occupaient en force le massif montagneux qui les séparait. Joseph à Padula était à environ 40 kilomètres de Masséna à Lauria. En retournant à Salerne (à une centaine de kilomètres de Padula vers Naples) il n'était plus à portée de Masséna et entrait dans le rayon d'action de la capitale, qui était solidement gardée par Jourdan.

Avant de recevoir cettre lettre, Napoléon en devina le contenu et c'est en ces termes qu'il le critiqua dès le 9 août[1] :

« ...Je vois avec peine le système que vous suivez. A quoi vous serviront 50,000 gardes provinciales armées et organisées[2] ?... A la nouvelle d'une bataille perdue sur l'Isonzo ou sur l'Adige, ils se tourneront contre vous ; suis-je vainqueur ou en paix, qu'en avez-vous besoin ?... Ne craignez donc pas que ces

---

[1] *Correspondance*, n° 10629.

[2] Ceci répond à une intention manifestée par Joseph de s'opposer aux débarquements des Anglais en armant la population.

débarquements partiels se renouvellent sans cesse et renaissent comme la tête de l'hydre, quelques avantages marqués inspireront une terreur telle que personne n'osera débarquer chez vous. J'ai vu la Vendée qu'on croyait ne devoir pas finir ; j'ai vu les Bédouins inquiéter et harceler mon armée en Égypte : quelques graves échecs ont mis fin à tout.., Ne suivez pas le système des gardes provinciales, rien ne sera plus dangereux. Ces gens-là s'enorgueilliront et croiront n'être pas conquis. Tout peuple étranger qui a cette idée n'est pas soumis. Quand vous les appelez les 50,000 ennemis de la Reine, cela me fait rire ; Naples est un pays d'intrigues où l'on revient sur tout... Il n'y a pas vingt personnes qui la haïssent comme vous le pensez, et il n'y a pas vingt personnes qui ne se rendissent à un de ses sourires, à une de ses avances. Le premier sentiment de haine d'une nation est d'être ennemie d'une autre. Vos 50,000 hommes seront ennemis des Français... Je ne suis point satisfait de la distribution de vos troupes. Dans les régiments que vous avez en Calabre, les 1er et 42e ont beaucoup souffert et sont réduits à moitié. Vous y avez envoyé cinq régiments d'infanterie ; ce serait assez si vous aviez à trois jours en arrière 2,500 hommes, et à deux autres journées 2,500 autres. Je suis fâché de ne pas voir Masséna assez fort et en mesure de recevoir des renforts, car il n'est pas douteux que les Anglais ne se soient renforcés dans le bas de la Calabre.

« Je vois que vous avez trop de troupes partout. Votre réserve serait bien, si elle était à moitié de chemin de Naples et de Cassano. Le monde que vous avez à Naples est une chose ridicule. L'ennemi ne débarquera jamais devant la ville. Il ne sera pas plus curieux que vous de s'enfoncer dans une grande ville sans avoir battu l'armée d'observation. Il doit y avoir une brigade à 2 lieues de Naples, de manière à pouvoir s'y porter en quatre heures de temps. Vous n'aviez pas en réserve assez de cavalerie au camp de Sainte-Euphémie ; elle eût fait là merveille.

« Vous avez trop de monde à Gaëte, dans les Abruzzes et dans la Pouille. L'art de la guerre est de disposer ses troupes de manière qu'elles soient partout à la fois. Par exemple, vous mettez plus de 2,600 hommes dans la Pouille ; il faut que les trois quarts de ce monde soient placés de manière qu'une partie en deux jours, une partie en quatre, puissent se porter sur Cassano. Tout ce que vous aviez à Gaëte doit être placé de manière à pouvoir en un jour retourner à Gaëte, s'il le faut, ou se rendre à Naples. Je voudrais avoir une armée moitié moindre de la vôtre et avoir plus de monde à Cassano, à Gaëte, s'il était nécessaire, dans les Abruzzes et dans la Pouille. Je vous prie de ne pas lire cela légèrement. L'art du placement des troupes est le grand art de la guerre. Placez toujours vos troupes de manière que, quelque chose que fasse l'ennemi, vous vous trouviez en peu de jours réuni. C'est le défaut de cette première connaissance de la guerre qui a causé les malheurs arrivés à Reynier et le malaise où vous vous trouvez avec des troupes considérables. Tant que vous ne prendrez pas pour principe d'avoir des dépôts dans Naples, 2 régiments de cavalerie et 1 d'infanterie aux portes (vous pouvez encore y mettre les Napolitains que vous avez à Capoue et ailleurs), vous n'aurez point assez de troupes ; une armée ne suffirait pas pour garder cette capitale, et deux bataillons suffiraient si le peuple y était accoutumé... S'il vous faut 4,000 Napolitains à Naples, n'en prenez pas davantage. Prenez des pères de famille bien lâches et bien vieux, qui sont bons pour la garde de la maison quand on crie au voleur ! Faire autre chose, c'est vous préparer de grands malheurs. La révolte n'a pas gagné, parce que les Anglais ne se sont pas avancés dans l'intérieur. Ils ont craint, avec raison, de perdre leur monde dans les montagnes par les grandes chaleurs, d'être coupés et d'éprouver un grand échec.

« Vous avez beaucoup trop de généraux. Je ne puis vous en dire davantage que ce que je vous ai dit, de renvoyer tous ceux que vous voudrez. Vous avez à Naples des régiments qui, par la manière dont ils sont employés, ne vous serviront pas. Des sots vous diront que la cavalerie ne sert à rien en Calabre ; à ce compte elle ne sert nulle part. Si Reynier avait eu 1200 chevaux et les eût bien employés, il aurait fait un mal affreux aux Anglais, surtout s'il eût eu des dragons qui sont armés de fusils et qui combattent à pied. Mais vos dragons sont éparpillés et ne vous rendent aucun service. Vous avez cinq régiments de dragons disséminés ; vous devez les réunir et en former une réserve avec quatre pièces d'artillerie légère, attelées. Ces 4,000 hommes, capables de faire 30 lieues en deux jours, peuvent se porter sur Naples et sur tout autre point qui serait menacé. Que faites-vous de 300 dragons isolés qui perdront l'esprit de leur arme et ne vous serviront de rien ? 2,000 ou 3,000 dragons placés à 40 lieues de Naples, sur le chemin de Cassano, qui se fussent mis en marche pour se porter sur Cassano et Sainte-Euphémie, y fussent arrivés en même temps que Reynier. Je vous le répète, réunissez vos dragons, donnez-leur quatre ou six pièces d'artillerie légère, avec des caissons et des cartouches ; considérez-les comme infanterie, et organisez-les de manière à être promptement partout. Il y a de Cassano à Naples, 50 lieues. En les plaçant par deux régiments en échelons, vous les aurez, au bout de trente-six heures, sur Naples et sur Cassano ; en les tenant sous les ordres d'un seul commandant, qui les exercera tous les jours à pied, vous aurez là une excellente infanterie.

« Il me reste une autre chose à vous dire : formez des brigades napolitaines, mais n'en formez pas trop. A quoi vous serviraient-elles si j'étais battu sur l'Isonzo ? C'est là l'étoile polaire de toutes vos opérations politiques et militaires, c'est à cette perspective que vous devez tout rapporter... Un seul cri italien de chasser les barbares au delà des Alpes vous arrachera toute votre armée...

« Le mois d'août va tirer à sa fin ; d'ici à un mois, au 15 septembre, la saison sera belle ; à la fin d'octobre, tous vos hôpitaux se guériront. Le temps de faire agir les Français à Naples, c'est depuis octobre jusqu'au mois de juin. »

Cette lettre est une de celles où le génie de Napoléon brille du plus vif éclat. On ne saurait trop méditer les leçons qu'il donne. Ici les fumées de l'orgueil ne l'aveuglent pas : il admet la possibilité d'une défaite sur l'Isonzo et recommande à son frère de ne jamais perdre de vue cette hypothèse. Tout est bon sens. Notons en particulier l'emploi de la cavalerie comme infanterie montée. De nos jours on s'oppose à un débarquement avec un réseau de chemins de fer bien organisé. Il y a un siècle, la cavalerie tenait lieu de chemins de fer pour amener rapidement de l'infanterie aux points menacés. En présence d'aussi admirables leçons, on hésite à relever quelques inexactitudes dues à l'emploi de cartes à petite échelle et au relèvement des distances au compas. Par exemple, entre la Pouille et Cassano, il y a une centaine de kilomètres, toute l'épaisseur de la Basilicate, qu'aucune troupe d'infanterie ne peut franchir en deux jours. Mais il faut s'arrêter à l'esprit du précepte plus qu'à son sens matériel. D'ailleurs, Napoléon a pu, en abrégeant, désigner par Pouille les provinces situées au nord de la Calabre.

Signalons en passant la critique faite par l'Empereur de l'armement de 50,000 gardes provinciales pour s'opposer aux débarquements incessants des Anglais et rapprochons-la de la lettre du 27 mai où il dit que, quand les Anglais débarquent sur les côtes de France, les paysans sonnent le tocsin et courent sus à l'ennemi. Napoléon comprend aujourd'hui que le cas n'est pas le même à Naples.

Cependant Joseph, en arrivant à Naples, constata que les Anglais n'avaient rien tenté contre sa capitale et que, au lieu de débarquer des troupes à Capri, ils en avaient retiré. Il disloqua aussitôt la réserve qu'il avait amenée et, se conformant aux intentions de Napoléon, la partagea en trois échelons : le premier sous le colonel Dufour, à San Lorenzo di Padula, 6e de ligne, 400 dragons et 400 Napolitains ; le deuxième sous le général Lamarque, à Laurino, 1 bataillon du 14e léger, 400 dragons, 800 Napolitains, 2 canons ; le troisième à Vietri, 2,000 hommes de sa garde, 400 dragons, 2 canons. De sa personne il ne quitte plus Naples. En rendant compte de ces dispositions le 8 août[1], il ajoutait : « ...Je n'ai d'autre repos que *huit* heures sur *vingt-quatre*. Je fais tout par moi-même, *camme je le sais et le pense.* Certes, je ne suis pas un grand militaire. Mais je sais apprécier les conseils que Votre Majesté me donne, et si je ne les suis pas toujours, c'est que souvent je n'en ai pas les moyens. Dans ses deux grandes lettres[2], Votre Majesté suppose que j'ai 25,000 à 30,000 hommes pour placer en échelons; je n'en ai que 6,000, sans le corps de Masséna ; je n'en ai pas 15,000 avec son corps. J'ai 9,000 à 10,000 malades et j'ai encore six semaines de maladies... » Dans une autre lettre antérieure[3], il dit : « ... Votre Majesté ne doit pas oublier que de Naples à Reggio, il y a vingt-cinq jours de marche et presque autant de Gaëte à Tarente... » Tout paraît plus rapproché sur la carte à petite échelle de Napoléon.

---

[1] *Mémoires*, t. III, p. 99.
[2] 28 et 30 juillet.
[3] 3 août. (*Mémoires*, t. II, p. 428.)

De son côté, Masséna s'avançait contre les insurgés qui le séparaient de Reynier. Ils s'étaient solidement établis à Lauria (ville de 7,000 âmes), où il y a un vieux château normand. Pour éviter la nécessité d'enlever chaque maison qui était barricadée, Masséna y mit le feu et prit d'assaut le château par l'arrière (7 août). Cet acte de vigueur brisa la résistance. Pendant ce temps le général Mermet soumettait l'intérieur du Silento, mais non les villes de la côte qui étaient protégées par le feu des canonnières anglaises. Il fit sa jonction avec Masséna le 9 août. Le 11 il atteignit Castrovillari, où il était à portée de Reynier. Masséna poursuivit sa marche sur Cosenza par colonnes concentriques, et il entra le 14 août dans la capitale de la Calabre sans rencontrer de difficulté. Il avait 500 malades et en avait laissé 300 à Castrovillari.

Dès le lendemain il poussa Reynier sur Cotrone, Verdier vers la côte ouest, Mermet en avant à Caralei. Il ne garda à Cosenza que Gardanne avec deux régiments. Ici la campagne de Calabre subit un temps d'arrêt qui eut des causes multiples. Nous ne devions rentrer à Reggio et à Scilla qu'un an et demi plus tard.

Napoléon s'était préoccupé de combler les vides que le feu et les maladies avaient produits dans l'armée de Joseph. Il lui écrit le 16 août[1] : « ... Je viens d'envoyer l'ordre que la 1re brigade[2] que commande le général Tison se rende à Pescara. Je compte qu'elle y sera rendu pour le 1er septembre. Dans ce cas, laissez-les reposer quelque temps à Pescara et ne leur faites rejoindre leurs corps, surtout ceux qui sont en Calabre, qu'au mois d'octobre, sans quoi tout cela ira à l'hôpital. Si vous en avez besoin cependant, comme ce corps est bien organisé et en bon état, vous pourrez le faire venir d'abord à Naples, mais à très petites journées, et vous ne devez l'incorporer dans les régiments, surtout pour ceux qui sont en Calabre, que dans le mois d'octobre. Dès que cette incorporation sera faite, vous aurez soin de renvoyer les officiers et sous-officiers à leurs dépôts dans le royaume d'Italie, afin qu'ils puissent s'occuper de l'organisation et de l'habillement des conscrits que je leur envoie. Ce n'est pas avec

---

[1] *Correspondance*, n° 10656.

[2] Elle était formée d'hommes pris dans les dépôts et placée sous les ordres du général Le Marois, gouverneur d'Ancône.

un grand nombre de troupes, mais avec des troupes bien organisées et bien disciplinées qu'on obtient des succès à la guerre.
Vous pouvez apprécier la différence qu'il y a à vous envoyer
ainsi en masse un secours de 5,000 hommes, qui est une réserve
avant d'être incorporée, à vous avoir envoyé des hommes isolés
qui n'auraient fait que remplir vos hôpitaux... Je vous recommande surtout de renvoyer aux dépôts les officiers et sous-officiers, car je veux que vos quatorze dépôts me forment une
réserve de 14,000 hommes, qui sera probablement destinée à
renforcer vos cadres ou à servir ailleurs, selon les événements.
Par ce moyen votre armée se trouvera, tous les corps étant portés
au complet de guerre, à l'effectif de 45,000 hommes... »

« Mon Frère[1], le 1er régiment de ligne, qui est un des premiers de l'armée, est à Pescara, où il ne fait rien. Appelez-le à
Naples sans délai. Comme il est déjà acclimaté, il vaut mieux
que ce soit ce régiment qui fasse le chemin de Pescara à Naples
que les 4 bataillons du général Tison. D'ailleurs, si les circonstances vous obligeaient à appeler la brigade du général Tison,
celle du général La Planche-Mortière[2], composée de 4 bataillons,
qui se rend à Ancône, recevrait l'ordre de se rendre dans ce cas
à Pescara. Voyez ce que c'est que le placement des troupes, et
ce qu'aurait fait ce régiment de plus du côté de Cosenza. Certainement il n'est à Pescara que d'une utilité bien hypothétique. »

Le 19 août, Joseph, ayant eu tout le temps de réfléchir aux
leçons de placement de troupes que lui a données Napoléon,
justifie de la manière suivante le système auquel il s'est arrêté[3] :

« ...Votre Majesté verra, par les dispositions qui ont été
faites, que ses vues ont été remplies autant que les circonstances
le permettent.

« Masséna, réuni à Reynier et à Verdier, doit avoir 15,000 hommes. Ma réserve, dont le troisième échelon est plus près de Cassano que de Naples, le second à moitié chemin, et le premier à
une journée de Naples, est de 5,000 hommes. Voici donc
20,000 hommes actifs.

---

[1] *Correspondance*, n° 10665, 18 août.
[2] Seconde brigade formée avec les dépôts de Joseph, à Rimini.
[3] *Mémoires*, t. III, p. 131.

« Dans les îles de Naples qui sont tous les jours menacées par l'ennemi, qui a des troupes de débarquement, et qui nous présente depuis quelque temps dans le golfe 3 vaisseaux de 74, 4 frégates et 15 bâtiments de transport, bombardes et canonnières ; dans les îles de Naples, il y a 1,200 hommes ; ils sont indispensables à leur défense ; dans les forts de Naples, il y a aussi 1,200 hommes. Votre Majesté sait que je n'ai pas de dépôt, mais on y met les troupes les plus fatiguées ; il y a pour la police de la ville, comme l'a désiré Votre Majesté, 1,500 hommes ; il y a, à quatre heures de Naples, sur la gauche du golfe, où sont nos établissements de poudre et d'armes et de construction maritime, 1,200 hommes, ce qui donne à Jourdan 5,100 hommes.

« Il est difficile de diminuer la garnison de Gaëte, qui fournit des postes aux passages si difficiles de Fondi, d'Itri et du Garigliano, sans s'exposer à voir ce pays de nouveau infesté par les brigands, et ma correspondance avec Votre Majesté interceptée par eux ; toutefois je vais voir s'il serait possible de la diminuer un peu.

« Je puis dire la même chose des Abruzzes et de la Pouille ; si je diminue encore le nombre des troupes de ces provinces, je m'expose à voir les caisses pillées et à ne plus rien tirer des contributions ; j'ai toutefois placé les troupes de la Pouille de manière à pouvoir, à tout événement, en porter une partie vers Cassano.

« A mesure que je recevrai des troupes, je les enverrai au maréchal Masséna, ou j'en fortifierai les échelons de la Padula et de Cassano. Le 2ᵉ bataillon suisse, parti le 14 d'Ancône, a eu l'ordre de se porter sur ce point.

« Votre Majesté doit voir, par l'état de situation, que les dragons que j'ai sont placés utilement : il y en a au corps d'armée du maréchal Masséna ; il y en a à ma réserve ; le 30ᵉ est utile à Gaëte, d'où il se porte rapidement à Itri et Fondi et au Garigliano, endroits de mauvais air, et retourne à Gaëte. Ces courses ont jusqu'ici sauvé ce pays et les voyageurs, sans perdre les troupes. Tout ce qui a été à ces postes pendant le siège est malade ou l'a été. Les chasseurs ne me rendraient pas les mêmes services : les dragons mettent pied à terre dans les passages périlleux.

« Il est difficile de nourrir de la cavalerie dans les Calabres et impossible dans quelques parties. Je prie Votre Majesté d'observer que, lorsque les Anglais ont débarqué à Sainte-Euphémie, il était possible au général Reynier de réunir toutes ses troupes, et qu'il avait dans les Calabres sous son commandement 10,000 à 11,000 hommes. Il a trop compté sur le petit nombre à la tête duquel il s'est trouvé. Ce n'est pas d'ici que je pouvais lui envoyer des troupes, ni de Cassano ; il était plus naturel de croire qu'il aurait réuni tout ce qui était sous sa main. Mais il n'a pas osé prendre sur lui d'abandonner Reggio, Scilla, Monteleone, et j'avoue qu'il fallait beaucoup de décision pour cela. Tout le monde ne lève pas le siège de Mantoue comme Votre Majesté. C'est le caractère et non l'esprit qui fait ces opérations-là, et le caractère ne s'apprend pas... Il y a de Naples à Cassano 66 lieues par des chemins difficiles, et non 50, comme le croit Votre Majesté.. »

*
* *

Nous touchons au moment où Napoléon va donner au placement des troupes en échelons sa forme définitive. Le 20 août, il adresse à Joseph trois lettres et deux longues notes. Il entre dans de tels détails qu'aucun doute ne peut subsister sur sa pensée. Par la suite, il ne traitera plus cette question qu'incidemment.

N° 10672. Rambouillet, 20 août 1806.

« Mon Frère, je reçois votre lettre du 9 août, avec un état par lequel je vois que le 10e de ligne est porté comme ayant 58 hommes hors du gouvernement de Naples ; le 52e, 145 ; le 101e, 15 ; le 1er régiment napolitain, 668. Il faut faire rejoindre ces détachements et porter le plus grand soin à tenir ces corps réunis. Dans un pays comme Naples, ils se dissémineraient selon la fantaisie des commandants de place, et vous n'auriez plus d'armée. Il y a trop d'infanterie à Naples et pas assez d'un régiment de cavalerie. Que faites-vous donc de toute votre cavalerie ?

« Je pense qu'il est très possible que les Anglais aient pris Reggio et Scilla, et se soient fortifiés dans une de ces deux places. Il serait possible aussi que, lorsqu'ils connaîtront la force du maréchal Masséna, ils réunissent leurs forces ; de sorte que je désire que vous ayez des échelons suffisants pour aller à son secours, si cela est nécessaire. Quand je vois que vous gardez un aussi beau régiment que le 1er de ligne à Pescara, je pense qu'il est possible que vous en ayez du côté de Tarente qui ne font rien. Quelque chose que vous disiez, vous avez près de 40,000 hommes, en comptant les Napolitains. Vous avez 6,000 hommes de cavalerie ; mais elle est disséminée et désorganisée, elle n'est point où elle doit être. Il est d'une importance majeure, pour le succès des négociations, que les Anglais soient chassés de Reggio et de Scilla, et que les apprêts du débarquement soient recommencés. Toute entreprise de l'ennemi sur la côte de Pescara ou de Tarente ne peut aboutir à rien ; il ne peut faire que des opérations ayant pour but de défendre l'extrémité de la Calabre. Il faut donc avoir vos forces entre Naples et la Calabre. C'est désormais la grande affaire.

« Je n'ai pas encore reçu un rapport sur Gaëte, ni un plan entier qui me fasse connaître la nature de son port.

« Du reste, tout va changer en votre faveur. L'automne va donner de la vigueur et de la gaieté à vos soldats ; vos malades vont guérir ; l'agitation de la mer rendra les Anglais plus circonspects et leurs opérations plus difficiles.

« Enfin je vous envoie un renfort assez considérable, puisque vos différents corps vont recevoir près de 5,000 hommes. Si vous ne partez pas du principe que tout point qui n'a pas de but, l'ennemi ne l'attaquera pas en force ; si vous gardez tous les points, vous n'arriverez à rien. Réunissez tous vos dragons et faites-en une réserve.

« Je vous recommande de vous plaire à lire vos états de situation. La bonne situation de mes armées vient de ce que je m'en occupe tous les jours une heure ou deux, et lorsqu'on m'envoie chaque mois les états de mes troupes et de mes flottes, ce qui forme une vingtaine de gros livrets, je quitte toute autre occupation pour les lire en détail, pour voir la différence qu'il y a entre un mois et l'autre. Je prends plus de plaisir à cette lecture qu'une jeune fille n'en prend à lire un roman. C'est pour moi une chose horrible de voir dans vos états vos corps n'être pas réunis dans une même province. Les 3e et 4e bataillons sont en Italie et organisés ; les deux premiers bataillons doivent être bien réunis ensemble. Il faut promptement donner l'ordre que tel ou tel détachement rejoigne son corps.

« J'attends avec impatience d'apprendre que Reggio et Scilla aient pu résister si longtemps.

« Je vous ai envoyé de vos dépôts près de 5,000 hommes. Il m'est impossible de vous en envoyer autant avant le mois de février, si toutefois cela devient nécessaire. Je vous recommande de nouveau d'avoir bien soin de renvoyer les officiers et les sous-officiers des huit bataillons provisoires que je vous ai envoyés. Beaucoup de vos dépôts en Italie n'ont pas leurs *chefs* de bataillon ; je ne sais d'où cela provient.

« Vous avez quatorze régiments français ; mettez-en quatre de ceux qui ont le meilleur esprit et le plus de moral depuis Sainte-Euphémie jusqu'à Reggio, quatre également de bonnes troupes entre Cosenza et Cassano, et de ces huit régiments formez deux divisions. Appelez la première l'avant-garde de l'armée de Sicile. Des six autres régiments français formez deux divisions, chacune de trois, savoir : une division à une demi-journée de Naples, et l'autre à deux journées de Naples sur le chemin de Calabre. Donnez à chacune de ces deux divisions un régiment de cavalerie et de l'artillerie. Ensuite réunissez tous mes régiments de dragons, formant 2,000 ou 3,000 hommes ; placez-les de Lagonegro à Naples, en en composant trois brigades de deux régiments, chacune à une journée l'une de l'autre. Ayez soin que ces hommes s'exercent souvent à pied. Quant aux garnisons de Naples, des îles, de Pescara, de Gaëte, de Capoue, de Tarente ; mettez-y vos Polonais, Italiens, Napolitains, Corses, Suisses. Voyez de plus que ce que vous avez de troupes auxiliaires peut garder Tarente et se porter sur Cassano, si cela devenait nécessaire, et, de même, ce qui serait à Cassano se porter sur Tarente.

« Vos troupes ne seraient pas plutôt réunies ensemble pour se refaire et évoluer à la fin de septembre, qu'elles auraient une grande opinion de leurs forces, qui se répandraient dans le royaume, opinion qui se maintiendraient davantage que par l'aspect même des forces. Ce qui est nécessaire pour la politique générale, c'est d'être maître de Reggio et de Scilla, le plus tôt possible, et de s'occuper de la Sicile. Je pense que les 1er et 42e régiments doivent revenir du côté de Naples. »

N° 10673.   Rambouillet, 20 août 1806.

« Le Ministre me transmet un état de la nouvelle organisation de l'armée de Naples, que lui a envoyé votre chef d'état-major. Je vois qu'il n'y a qu'un bataillon du 14e léger en Calabre, tant pis; réunissez les deux. Il ne faut point séparer les bataillons sans une grande nécessité. Réunissez donc ce régiment.

« Je vois que vous conservez dans la Calabre le 1er et le 42e [1]; c'est un mal; il faut les faire revenir du côté de Naples, les encourager par votre présence et en avoir soin. L'infanterie polonaise est peu propre à des expéditions de montagne aussi fortes; faites-la revenir pour Naples, Tarente et les Abruzzes.

« Je vois avec peine que la cavalerie légère et les dragons soient mêlés ; ce sont deux armes bien différentes. Un régiment de dragons ainsi isolé ne peut rien faire ; quatre ou cinq réunis, forts de 2,000 hommes, manœuvrant parfaitement à pied, vous seront très utiles. Le 1er de ligne dans les Abruzzes est une chose qui jure ; c'est un de vos meilleurs régiments. Le 24e de dragons est inutile là. Le 1er bataillon du 3e de ligne italien et les chasseurs royaux italiens sont plus que suffisants sur ce point. Le 5e de ligne italien et les dragons Napoléon sont suffisants dans la Pouille. Vous pouvez retirer du côté de Naples le 6e chasseurs à cheval.

« Vous trouverez ci-joint la distribution que je voudrais faire de votre armée, afin que vous menaciez la Sicile et que vous soyez en mesure contre tout. Indépendamment des 5,000 hommes de vos dépôts qui sont en marche, du bataillon de La Tour d'Auvergne qui est en marche pour Gaële, des uhlans polonais et du bataillon suisse qui, d'Ancône, doit être arrivé à Pescara, vous ne tarderez pas à recevoir les 2e et 3e bataillons du régiment de La Tour d'Auvergne, forts de 1,000 hommes chacun, qui sont à Gênes, ainsi que le bataillon suisse, qui, de Corse, doit débarquer à Piombino, pour de là se rendre à Civita-Vecchia.

« L'armée une fois placée ainsi, pas un homme ne débarquera

---

[1] Le 1er léger et le 42e de ligne battus à Sainte-Euphémie.

en Calabre, et on pourra punir sévèrement les brigands ; cela est plus nécessaire que tout le reste. En mettant les Polonais à Naples, il sera convenable d'y placer le général Dombrowski ; d'ailleurs, vous en serez plus sûr quand ce général sera là. Il ne vous manque pas de généraux ; mais un général de brigade suffit dans les Abruzzes. Son premier soin est de garder Pescara, de l'approvisionner de vivres et de munitions pour un mois. On serait d'ailleurs presque aussi près de le secourir d'Ancône et de Rimini que de Naples. J'ai donné des ordres en conséquence à Le Marois. Il faut que le général qui sera à Pescara s'entende avec lui pour le placement des signaux et petits postes de cavalerie qui maintiennent une correspondance ouverte et fréquente.

« Aujourd'hui la question est tout entière dans la Calabre. Il faut que tout le monde soit dans la conscience qu'on y est assis de manière à ne pouvoir être ébranlé. Cela encouragera l'armée et commencera à influer sur la Sicile, et même sur les négociations.

« Pour commander la légion corse nommez un Corse. »

N° 10674. — Annexe à la pièce précédente.

PROJET DE PLACEMENT DE L'ARMÉE DE NAPLES.

« *Avant-garde de l'armée de Sicile* :

« *1re division.* — Reynier, général de division. Les 14e et 23e légers, 29e et 52e de ligne, 6e de chasseurs.

« *2e division.* — Verdier, général de division. La légion corse, le 22e léger, les 10e et 20e de ligne, le 4e de chasseurs.

« *3e division.* — Réserve : Gardanne, général de division. 1er léger napolitain, les 101e et 102e de ligne, le 14e de chasseurs.

« Ces trois divisions seraient sous les ordres d'un maréchal.

« La 1re serait placée à Reggio et depuis Sainte-Euphémie jusqu'à Marina di Catanzaro.

« La 2e, depuis Cotrone, ayant son quartier général à Cosenza.

« La 3e, à Cassano jusqu'aux confins de la Calabre.

« *Réserve de dragons.* — Mermet, général de division, commandant.

« Les 7e, 23e, 24e, 29e et 30e régiments de dragons formeraient trois brigades, chacune commandée par un général de division [1], qui seraient placées selon le détail des localités, depuis Auletta jusqu'aux confins de la Calabre. Chacune de ces brigades aurait deux pièces de canon et un détachement d'infanterie légère; et, à cet effet, le bataillon du 32e d'infanterie légère serait mis à la disposition du général commandant la réserve de dragons.

« Tous les dragons à pied qui sont à Naples ou ailleurs rejoindraient là. On aurait soin qu'ils fussent tous armés, que les maréchaux des logis eussent leurs armes et 50 cartouches. On les ferait manœuvrer plusieurs fois par semaine à pied.

« Par ce moyen, la tête de ces 2,000 ou 3,000 dragons pourrait être, en un jour et demi de marche forcée, sur Cassano, et les brigades en échelons arriveraient en huit heures d'intervalle, et, en mouvement inverse, marcheraient sur Salerne et Naples, ou se porteraient par un à-droite sur la côte, et de là seraient opposées contre tout débarquement; enfin, par une marche de gauche, elles pourraient se porter sur Matera et la Pouille, si les circonstances le voulaient.

« A Salerne serait placée une division sous les ordres du général Girardon, qui serait composée de la garde royale à cheval et à pied, du 6e et 62e de ligne et du 2e régiment d'infanterie italienne. Ce corps serait cantonné de manière à pouvoir se réunir et manœuvrer.

« Une autre division, commandée par le général Espagne et composée du 1er de ligne, du 42e et du 1er d'infanterie légère, serait placée dans une bonne position, à deux heures de distance de Naples. S'il y a des bois et une localité favorable, on la fera camper.

« Dans Naples on placerait les Polonais, un régiment napolitain; le bataillon suisse qui est en Calabre, celui qui arrive d'Ancône, celui qui va arriver de Corse afin de reformer tout ce régiment, et les 9e et 25e de chasseurs.

« A Gaëte, on placerait les pionniers noirs, le régiment de La Tour d'Auvergne, et dans les environs les uhlans polonais.

---

[1] Il faut peut-être lire « brigade ».

« A Pescara et dans les Abruzzes, le 3e italien de ligne et les chasseurs royaux italiens.

« Dans la Pouille, le 5e de ligne italien, les dragons Napoléon et le 1er de chasseurs napolitains.

« Il y aurait une correspondance établie entre Tarente et Cassano, de manière que de Cassano on puisse se porter à Tarente, et, vice versa, de Tarente à Cassano.

« A Capoue, dépôt général de l'armée. A cet effet, chaque régiment d'infanterie enverra 1 capitaine, 2 lieutenants et 3 sergents.

« Tous les hommes malades sortant des hôpitaux s'y réuniront. Il sera désigné 14 locaux pour les 14 régiments. On réarmera là les hommes des hôpitaux, après les avoir laissés reposer une quinzaine de jours. Ils ne rejoindront que quand il y aura 100 hommes en état de partir, de manière qu'aucun homme isolé n'errera sur les routes, et qu'aux extrémités de la Calabre il n'en arrivera pas sans armes, mal habillés, ou à demi malades. Chaque détachement de 100 hommes marchera sous la conduite d'un officier, sur une route qui sera tracée par l'état-major général. On leur donnera du pain blanc, du vin, et on imitera ce que j'ai fait sur l'Adda dans mes campagnes d'Italie. Par là il n'y aura pas d'hommes assassinés ni compromis. La correspondance des corps avec les dépôts qui sont en Italie, se fera par Capoue, de manière qu'il n'arrivera rien à Capoue que par l'ordre de l'état-major général qui saisira des circonstances opportunes et des événements favorables. »

N° 10675. — Deuxième annexe à la pièce n° 10673.

« Par le placement qu'on vient de faire de l'armée de Naples, on peut voir que l'on a le tiers de troupes de trop, plutôt que pas assez. L'ennemi, débarquât-il avec 30,000 hommes, ne débarquera nulle part impunément.

« Le roi ne doit jamais coucher dans Naples jusqu'à la paix. Sa vraie position paraît être Salerne ; enfin, demeurât-il à Caserta ou à Portici, la ville serait tenue dans le devoir, parce que, avec 2 pièces de canon et 1 régiment de cavalerie, on pourrait rétablir partout la tranquillité. Il faut que le général qui commande la division de Labour ait des piquets de correspondance avec le général Duhesme, afin que ce général puisse se porter à son secours si cela était nécessaire ; le général qui commandera dans les Abruzzes et à Pescara doit en avoir avec Ancône pour le même objet.

« Une escadre anglaise se présentât-elle devant Naples pour tenter un bombardement, voulût-elle insurger la populace : les forts, les Suisses, les Napolitains sont sur-le-champ soutenus par la division campée à deux heures de Naples ; vingt-quatre heures après, tout le camp de Salerne peut y être rendu, et la réserve des dragons y arrive dans la nuit. Au même moment, toute la cavalerie de Gaëte se met en marche et y arrive aussi, ainsi que tout ce qui est disponible dans Capoue. On se trouve donc sur-le-champ avoir 3,000 hommes de cavalerie, les 4,000 hommes de diverses troupes qui sont dans la ville et les 6 régiments français de bonne infanterie, c'est-à-dire plus de 15,000 hommes de toutes armes. Enfin, si le mouvement de l'ennemi était caractérisé, la réserve elle-même de l'armée de Sicile se met en mouvement de Cassano, et, en 6 ou 7 jours de bonne marche, renforce l'armée de Naples. Mais cette hypothèse paraît faible : comment l'ennemi serait-il assez insensé pour faire un débarquement dans la capitale n'ayant pas les forts, ou entre Salerne et Gaëte n'ayant pas Capoue ? Ira-t-il à Tarente ? La division de Cassano y est aussitôt portée, et sur toutes les côtes de Naples, il y a de petites places où 200 hommes peuvent se maintenir, témoin Scilla et Reggio, où il paraît qu'un certain nombre d'hommes se sont maintenus plus d'un mois.

« Quant à Gaëte, il faut prendre un parti. Cette place a l'inconvénient, une fois prise par l'ennemi, d'empêcher les communications avec Rome. Si le port de Gaëte ne contient pas de vaisseaux de guerre, il faut en démolir les fortifications, en transporter l'artillerie à Capoue. Mais il faut laisser la citadelle, de manière que 400 ou 500 hommes l'occupant ôtent l'envie à l'ennemi de venir s'emparer de cet isthme.

« Moyennant les 5,000 hommes qui, à l'heure de cette lettre, arriveront à Pescara, chaque bataillon de guerre qui est à Naples doit avoir un effectif de plus de 1,000 hommes.

« Les dépôts de dragons qui vont en Italie sont très forts ; les 24e et 22e ont 400 hommes chacun. Le roi de Naples pourrait garder ces deux régiments, et, dans l'hiver, il serait convenable de renvoyer les deux escadrons de guerre, pour les remplacer par les deux escadrons du dépôt et qui seront forts de 800 hommes. Mais, dans la position actuelle des choses, ce n'est pas le plus pressant. On regarde ces dispositions comme avantageuses pour le pays et pour l'armée. Leur seule connaissance les rendra redoutables à l'ennemi, qui concevra qu'on pense sérieusement à la Sicile, et produira de l'ardeur et de la joie parmi les troupes, parce qu'elles se sentiront en force et réunies.

« Quant aux petites insurrections partielles, il faut employer les Napolitains, les Corses, les Italiens, etc. On perd, dans ces escarmouches, beaucoup de braves qu'il faut garder pour des affaires plus importantes. Faites rétablir les batteries de Reggio et de Scilla et fortifiez ces deux points, afin que, dans le cas où l'armée fût obligée de se replier sur Naples, ils puissent défendre longtemps les batteries qu'on y aurait construites [1]. »

Ce système provoque les observations suivantes :

1º Il ne sera applicable que lorsque les maladies auront cessé. Pour le moment les six régiments de dragons sont réduits à 1,871 hommes au lieu de 3,127 portés sur les états de situation [2], et le reste de l'armée est à l'avenant. Même après l'arrivée des 5,000 hommes de complément, chaque bataillon français n'atteindra pas l'effectif de 1,000 hommes. En effet le renfort répond à une moyenne de 357 hommes par régiment ou 178 hommes par bataillon. Or l'effectif des bataillons varie en général de 500 à 700 hommes et il y en a de beaucoup plus faibles. Au début de la campagne le bataillon du 32º léger n'avait que 481 hommes. Donc, Napoléon force les effectifs sur le papier (2º annexe).

2º Il y a toute une série de batteries de côte que Napoléon connaît par la lettre de Joseph du 17 juin [3]. Quelques-unes à

---

[1] La 3º lettre du 20 août, à laquelle on a fait allusion ci-dessus, n'a pas trait au placement des troupes.

[2] Lettre de Joseph du 21 août, *Mémoires*, t. III, p. 148, et lettre de Napoléon du 30 août en réponse, *Mémoires*, t. III, p. 167, et *Correspondance*, nº 10711. Celle-ci ne donne pas la fin de la lettre qui concerne les dragons, parce qu'elle ne figure pas à la minute des Archives, mais il est difficile de mettre en doute son authenticité. Napoléon annonce l'envoi de 600 dragons de complément, soit 100 par corps.

[3] Voir page 25.

Licosa, Palinuro, etc... sont très exposées et exigent une protection plus efficace que celle des canonniers chargés de servir les pièces. L'une d'elles, à Sapri, située non loin de la route de Naples à Cassano, a été enlevée récemment. Il y a de ce chef une dizaine de détachements au moins à prélever sur l'effectif des troupes actives. Napoléon ne les critique pas d'ailleurs, et, en admettant le démantèlement de Gaëte, il a demandé le maintien de la citadelle avec 400 ou 500 hommes de garnison. Cette question paraît lui avoir échappé.

3º L'Empereur ne précise pas le rôle du bataillon du 32e léger donné au général Mermet. Il est probable que c'est le service des pièces. Si la division de dragons avait à se porter sur Naples ou Cassano par marches forcées, ce bataillon ne suivrait évidemment pas à l'allure des dragons.

4º On remarquera quelques différences entre la lettre nº 10672 qui donne l'économie du système et la note annexe 10674 qui l'expose en détail. Par exemple, d'après la lettre, il y a 8 régiments français en Calabre, d'après l'annexe, 9. L'esprit du dispositif est le même. Mais, si Naples est attaqué, 6 régiments français dans le premier cas, 5 seulement dans le second pourront s'y porter. Il est curieux de constater que dans la seconde annexe, 10675, quand Napoléon a besoin de défendre Naples, il revient aux 6 régiments de la lettre.

5º Le système de Napoléon répond au double but de menacer la Sicile et de protéger le long cordon de 550 kilomètres qui relie Gaëte et Reggio. A cet effet, les échelons sont en état de se prêter un mutuel secours, à condition d'être bien commandés, et leur centre de gravité est en Calabre. Mais l'Empereur s'exagère la force de son dispositif. Pour le réaliser, il a abandonné plus de la moitié du royaume, — dont quelques-unes des provinces les plus riches, telles que la Pouille, — à la garde de troupes aussi médiocres par la qualité que par la quantité. 700 à 800 kilomètres de côtes et tout l'intérieur correspondant sur une épaisseur de 100 kilomètres de Pescara à la naissance de la presqu'île d'Otrante (celle-ci a une épaisseur moyenne de 40 kilomètres sur une longueur de 150) sont confiés à 2 régiments d'infanterie italienne, 2 régiments de cavalerie italienne et 1 régiment de cavalerie napolitaine. La répartition des troupes françaises ne peut être ignorée des Anglais à cause des sympathies du pays pour l'ancien gouvernement. Cela leur permettra de frapper à coup sûr. Comme d'autre part ils sont maîtres de la mer, leurs plans ne seront connus qu'après l'exécution. Dès lors ils ont un moyen facile de s'opposer à toute tentative contre la Sicile, en supposant que Joseph ait réussi à se procurer les moyens matériels de traverser le détroit, c'est de débarquer des troupes siciliennes, des armes et des munitions sur la côte méditerranéenne, afin d'y entretenir l'insurrection et d'immobiliser les troupes françaises et en même temps de débarquer leurs meilleures troupes sur la côte adriatique, s'ils se proposent de conquérir le royaume. Ils opéreront avec une entière sécurité, à condition de *choisir leurs points de débarquement à des distances telles des postes français les plus voisins que ceux-ci mettent plus de temps à les franchir qu'eux à débarquer.* Donc le plan de Napoléon n'assure pas la pacification du pays.

6° Il n'assure même pas la route de Gaëte à Reggio. En particulier Naples est mal protégé[1]. Au sujet de la perte de Capri, Napoléon a dit qu'il fallait mettre beaucoup de monde dans une île ou pas du tout. C'est peut-être la raison qui l'empêche de défendre Ischia et Procida. Procida a 3 kilomètres de longueur et 1 de largeur ; Ischia est une grande île de 8 kilomètres sur 6. L'une et l'autre ont beaucoup de plages de débarquement et, vers l'extrémité Est, un vieux château solide. En face de Procida est une presqu'île accidentée et séparée de la terre ferme par le golfe de Pouzzoles et le lac Fusaro. C'est une excellente base contre Naples situé à une quinzaine de kilomètres par une route longeant la côte. On y trouve le port de Misène, utilisé jadis par la flotte romaine, et celui de Baja. Si une insurrection éclate à Naples au moment où les Anglais débarquent au cap Misène, jamais les cinq ou six régiments échelonnés sur la route de Salerne n'arriveront à temps pour s'opposer à eux parce qu'il leur sera impossible de traverser la ville. Il est vrai que Napoléon nie cette possibilité, quand il dit qu'avec 2 pièces de canon et 1 régiment de cavalerie on peut tenir dans le devoir les 500,000 âmes de la population de Naples. Mais, si l'on se représente les maisons très élevées du vieux Naples, les rues tor-

---

[1] Voir le plan de la baie de Naples sur la carte d'ensemble.

tueuses et étroites, à pentes raides et à larges dalles glissantes, on ne se figure pas l'action de la cavalerie. Aussi l'assertion de l'Empereur paraît risquée, quelle que soit la lâcheté des Napolitains et les points d'appui donnés par les vieux châteaux.

Il se demande aussi « comment l'ennemi serait assez insensé pour faire un débarquement entre Salerne et Gaëte, n'ayant pas Capoue » ? Cette question surprend. Qu'est-ce que Capoue ? Une place forte petite et médiocre. De quoi se compose sa garnison ? De dépôts de recrues, de malades et de convalescents. Comment exercerait-elle une action quelconque sur le cap Misène, qui est à 40 kilomètres de distance ?

Napoléon dit encore qu'il aura « sur-le-champ » à Naples plus de 15,000 hommes de troupes de toutes armes. Ce « sur-le-champ » équivaut à deux jours de fortes marches, car, si l'on prend Pouzzoles pour point de concentration, on verra que Salerne est à plus de 70 kilomètres et Gaëte à plus de 90.

Ainsi, dans cette journée du 20 août 1806 où Napoléon s'est tellement occupé de l'armée de Naples que tous les détails doivent lui être présents, il a forcé les effectifs, la valeur des places, les conditions de temps et de distance. Il a jonglé avec les difficultés, au lieu de les envisager dans leur réalité. On aperçoit ici dans son germe le défaut capital de ce prodigieux génie : il n'accepte pas la nature des choses. Sur un théâtre secondaire, en présence d'un ennemi peu nombreux et peu adroit, les dangers qui en sont la conséquence ne sont pas énormes. Mais rien n'est immuable dans le monde vivant. Ce défaut croîtra avec les années. On le trouvera, agissant comme une cause de ruine au fond de tous les désastres du règne, que ce soit en Espagne, en Russie, en Allemagne ou à Waterloo.

Mais en août 1806, Napoléon a une confiance justifiée dans son étoile. Sur terre il a toujours été heureux. Il sait que les succès extraordinaires s'acquièrent au prix de dangers extraordinaires. Il croit que la meilleure manière d'affronter ceux-ci est d'en nier l'existence. Le procédé de défense le plus efficace n'est-il pas d'attaquer ? Donc, si l'expédition de Sicile est possible, son placement des troupes en échelons est bon. Si nous en cherchons un meilleur nous n'en trouverons pas. Nous croyons malheureusement que l'expédition n'était pas possible.

Joseph reçut sans enthousiasme les instructions de l'Empereur. Il se mit en mesure d'obéir, sauf en ce qui concerne la garnison de Naples. Les Anglais avaient tenté de débarquer à Ischia, le 27 août et avaient été repoussés. Le 31, Joseph écrit [1] : « Sire, les Anglais ont toujours 33 voiles, dont 8 vaisseaux ou frégates, dans le golfe de Naples ; ils ont 4,000 hommes de débarquement. Ils auraient pu tenter de s'emparer de Procida, ce qui leur aurait assuré un bon port pour y passer l'hiver. J'ai redoublé de précautions, et j'ai, dans les deux îles de Procida et d'Ischia, près de 2,000 hommes. Votre Majesté, dans ses calculs, ne compte jamais ces deux garnisons, qui sont indispensables, parce que ces deux îles offrent de bons ports à l'ennemi, et qu'elles sont presque à portée de canon des issues de la ville de Naples... »

Le 2 septembre, Joseph ajoute [2] : « ...Aujourd'hui les Anglais se contentent de jeter des brigands sur les côtes ; ces brigands incendient les meules de blé et de paille, saccagent tout ce qui s'offre devant eux, et se sauvent à la mer ou sur de hautes montagnes au premier aspect de nos troupes. Il y a dans ce moment un rassemblement de 1,500 hommes entre Lauria et Lagonegro, formé par des brigands échappés sur la gauche du corps de réserve, et par 500 hommes débarqués par les Anglais dans le golfe de Policastro. L'échelon de San Lorenzo a marché contre eux... Ce pays est essentiellement dépendant de la mer ; tout a toujours été calculé sur cette base. Ainsi, point de chemins intérieurs ; des magasins immenses de denrées sont sur les bords de la mer. Il y a des particuliers qui possédaient ainsi des valeurs pour plus de 800,000 francs, entre autres deux de mes ministres ; tout cela est perdu pour eux... Je ne puis pas demander des impôts à ces propriétaires : je suis obligé de faire donner des secours au duc de Monteleone, qui possède pour 2 millions de revenus. Si la guerre continue, il faut que Votre Majesté se persuade que ce pays lui sera fort à charge : il faut penser à payer l'armée, qui coûte 4,500,000 francs ; le pays pourra tout au plus fournir 1,500,000 francs. Il faut que Votre Majesté four-

----

[1] *Mémoires*, t. III, p. 168.
[2] *Mémoires*, t. III, p. 176.

nisse un supplément de 3,000,000 par mois, sans quoi les peuples seront vexés par moi, pillés par les troupes, et ils s'insurgeront toujours contre nous et nous assassineront en détail. On ne peut pas longtemps faire la guerre dans ce pays, si l'on a les habitants contre soi et la mer contre soi. Les révoltés ont toujours leur retraite assurée sur la mer, et même dans les montagnes, et ce pays est tout montagne... »

. Ces paroles découragées eussent peut-être fait réfléchir l'Empereur, si son attention n'avait été accaparée par les préparatifs de la guerre contre la Prusse.

Cependant Masséna avançait lentement en Calabre. Il atteignit Monteleone le 8 septembre, et ne dépassa guère cette localité. Son armée était décimée par la maladie qui frappait les généraux comme les soldats. Ses communications étaient sans cesse coupées par des soulèvements sur ses derrières. Il était mécontent du traitement annuel de 100,000 francs que lui servait Joseph. Il demanda plus, ne l'obtint pas et quitta l'armée dont Reynier reprit le commandement. Gouvion Saint-Cyr était parti avant lui.

La brigade d'hommes de complément du général Tison arriva à Pescara avec beaucoup de malades qui n'y trouvèrent pas les soins et le repos qu'ils auraient souhaités. Le besoin de renforts était tel qu'on dut se hâter d'envoyer aux divers corps tous les hommes en état de marcher.

Sur ces entrefaites la guerre contre la Prusse éclata brusquement. Les lettres de l'Empereur devinrent moins fréquentes que par le passé. Beaucoup sont géniales, mais elles n'ajoutent que peu de chose aux prescriptions que nous connaissons déjà pour les échelons.

IV

Fortifications. — Principes de gouvernement. — Derniers événements du règne de Joseph. — Valeur éducatrice de la *Correspondance de Napoléon*.

Il importe de signaler deux points qui, dans la pensée de Napoléon, font partie intégrante de son système d'occupation.

Le premier est la création de places fortes. Il s'exprime ainsi dans sa lettre du 1er août [1] : « ...Il vous faut une grande place où toute l'artillerie, tous les dépôts puissent être en sûreté et soutenir un long siège, pour donner à des secours le temps d'arriver.

« Où doit être située cette place ? Prendra-t-on Capoue ou toute autre ? C'est une question assez importante. Enfin on ne peut rester en l'air au milieu d'un peuple ennemi, qui est inconstant, qui l'a toujours été et qui, pendant les premières années, sera sans consistance... Supposez les Français battus en Italie, et qu'on fût obligé de faire la guerre dans le royaume de Naples : il serait convenable d'y avoir une place qui pût renfermer les dépôts, les hôpitaux, les munitions de guerre, et où l'armée pût se rallier et concentrer sa défense.

« Il peut y avoir des avis pour mettre cette place à Naples même, non qu'aucun homme sensé puisse avoir l'idée d'enfermer cette immense ville dans la place, mais aux approches de la ville et dans une situation à avoir des feux sur la rade. On aurait le double avantage que la ville serait défendue et qu'elle-même serait contenue, ce qui serait d'un grand résultat. Mais il ne s'agit pas d'avoir une simple citadelle qui ne signifie rien, mais une localité d'une étendue au moins de 3,000 toises. Causez là-dessus avec quelques officiers du génie. Il serait très avantageux de

---

[1] *Correspondance*, n° 10581.

pouvoir, par une seule place, contenir la capitale, avoir des batteries sur le port, mettre à l'abri tous les établissements d'artillerie, les magasins et les dépôts de l'armée. En travaillant trois ou quatre ans à cette place, en y mettant 3 ou 4 millions par an, on aurait une place qui se défendrait six mois et qui, contenant 12,000 à 15,000 hommes, occuperait une armée considérable. Beaucoup de places ne servent de rien. Soit qu'on établisse cette place à Naples, soit qu'on l'établisse à Capoue, il vous en faudra encore deux autres aux extrémités de la Calabre, à Charybde et à Scilla, pour lier ces deux parties du royaume, et enfin une à Tarente et dans un meilleur point, s'il est possible d'en trouver, qui puisse, même en perdant la supériorité sur terre, mettre à l'abri nos magasins et nos flottes qui arriveraient à Tarente pour la discussion des affaires du Levant. Il sera ensuite nécessaire d'établir des forts dans les îles et de bonnes redoutes revêtues à la gorge dans le mouillage le plus près de la côte. Mais cela n'est que d'un intérêt secondaire. Les plans de Tarente sont déjà faits. Ce qui est le plus important, c'est une belle place de dépôt telle que le roi lui-même puisse s'y enfermer et s'y défendre pendant des années, avec les hommes qui lui sont le plus attachés : car une fois le royaume de Naples soumis, le principe d'une famille qui y règne est de n'en jamais dépasser les frontières, et d'y périr, s'il le faut, en défendant le territoire, et cette seule idée doit donner une autre direction à l'esprit public.

« Une dynastie élevée dans ce principe ne sera jamais vaincue et conservera le trône intact. Vous voyez que si le roi avait eu une place pareille et s'y fût enfermé au lieu d'aller en Sicile, vous auriez eu deux sièges à faire ; vous n'auriez trouvé aucunes ressources, ni aucune artillerie ; en deux ans, vous n'auriez pas pris ces places, et la paix ou d'autres événements continentaux auraient pu le sauver. »

A ces places, Napoléon ajoute Pescara et Gaëte dans d'autres parties de sa correspondance. Il ne parle jamais d'abandonner les châteaux de Naples, ni les batteries de côte, dont on a vu les emplacements, de sorte que si l'on peut lui adresser un reproche, c'est d'admettre trop plutôt que trop peu de fortifications.

Pour la place-réduit, Joseph, Jourdan et les officiers du génie proposent Capoue. Mais Napoléon tient au voisinage de Naples et à un port. Dans une longue lettre du 2 septembre [1], il prescrit des études pour une place située entre le fort Saint-Elme et la mer, une seconde entre le Vésuve et Naples, une troisième englobant Castellamarre, la presqu'île d'Amalfi et Capri, une quatrième formée par Pouzzoles, Ischia et Procida, une cinquième à Gaëte comprenant l'isthme.

« ..... Je ne regarde pas le voisinage de Naples comme un inconvénient. Je n'admets point l'idée d'être bloqué par cette immense capitale ; j'aurais, au contraire, l'avantage de la contenir et d'enfermer son port dans ma défense.

« Voici les trois principaux objets que doit avoir la grande place que je veux établir pour être le meilleur possible : 1° contenir la capitale de manière qu'on ne puisse s'en dire possesseur tranquille tant qu'on n'aura pas pris la place ; 2° renfermer les arsenaux et les magasins de l'armée de terre ; 3° réunir tout l'arsenal et les vaisseaux de la marine napolitaine. La place de Capoue n'a qu'une de ces propriétés, elle n'influe pas sur Naples étant hors de la portée de la bombe ; n'étant point port, elle ne peut contenir les arsenaux de la mer ; elle ne peut donc contenir que les arsenaux de terre. Une place située à la portée de la bombe du centre de Naples et qui, en même temps, enceindrait le port, aurait seule les trois propriétés. Une place située à Castellamare n'aurait pas l'avantage de contenir Naples, mais aurait les deux autres propriétés, c'est-à-dire qu'elle pourrait contenir l'arsenal de terre et celui de mer. Située à Gaëte, elle aurait aussi le même avantage, si des vaisseaux de guerre peuvent entrer dans le port. Je désire que la place soit située sur la mer, parce qu'il n'est pas présumé que je serai toujours inférieur dans la Méditerranée ; parce que même inférieur, il est impossible d'empêcher une place maritime d'être ravitaillée en hiver. J'ai ravitaillé Malte et si, au lieu du ridicule gouvernement de l'an VII et des temps malheureux de l'an VIII, elle eût été assiégée en l'an XII, elle ne se serait jamais rendue faute de subsistances ; à plus forte raison une place située auprès de la Corse, de Toulon, telle que le seraient Gaëte, Naples et Castellamare...

---

[1] *Correspondance*, n° 10724.

« ..... Une place de dépôt n'est pas comme un système de places pour défendre une frontière. Qu'elle soit située du côté de Rome, de la Sicile ou de Tarente, cela m'est indifférent, cependant je voudrais qu'elle fût le plus près possible de Naples. Quel est le but que l'on a en organisant cette place ? C'est de rendre Naples indépendant des événements de la Haute-Italie. Je suppose les Autrichiens se relevant de leur abattement actuel et reconquérant l'Adige et le Piémont : je ne veux point que cela produise un sentiment d'alarme dans Naples. Si, envahissant ses frontières et se combinant avec les troupes de débarquement, une armée beaucoup plus forte que celle du roi de Naples l'oblige à abandonner la campagne ; que ce prince ait son plan de campagne simple et ses mouvements naturels : qu'il se retire dans la place forte avec ses richesses, ses archives, quelques sujets dévoués et des otages pris dans le parti contraire. En calculant seulement la quantité effroyable de moyens que l'ennemi sera obligé de réunir, on voit combien 60,000 hommes auront de difficultés à s'emparer de Naples, lors même qu'il n'y aurait plus de Français en Italie. Quand les rois de Naples, militaires comme c'est le premier métier des rois, auront une place centrale dans laquelle ils sauront qu'ils doivent s'enfermer et qu'ils sont chargés de défendre, ils en augmenteront considérablement les fortifications.

« Dans cette situation des choses, lorsqu'on verra ce système établi et un roi s'enfermer dans cette place, on le respectera ; on fera sa paix et on ne s'engagera pas dans une lutte qui affaiblirait trop les moyens des alliés, qui auront déjà la France en tête. Une place construite dans ce but mérite seule l'emploi de sommes considérables. 5 millions par an employés à construire, non ce que le baragouinage des ingénieurs appelle des établissements, mais à construire des demi-lunes, rendraient cette place redoutable dans cinq ans.

« Ces quatre ou cinq premières années employées, on aura alors le temps de bâtir des casernes, de beaux magasins, qui coûteront n'importe quoi, parce que tout est facile avec le secours des années et des siècles [1].

---

[1] Napoléon fait cent ans d'avance la critique des travaux russes de Port-Arthur.

...L'ordre des travaux est de la plus grande importance. Il faut tracer un plan et en régler l'exécution, sans quoi les ingénieurs vous feront une place qui, après dix ans de travaux, ne se défendra pas contre un escadron parce qu'elle ne sera pas achevée; au lieu que je veux qu'en 1808 elle soit susceptible d'un premier degré de résistance... »

Le 19 mai 1807, contre l'avis général, il se décide pour le plan réduit Castellamare-Amalfi-Capri.

« ...Cette position ne peut être plus difficile que celle de Gênes, et Gênes passe pour être une bonne place... Je veux établir des lignes qui fermeraient l'isthme jusqu'à Amalfi, et construire dans l'île de Capri un fort qui rendrait maître de la pêche et du littoral de Naples, et qui serait à portée d'être secouru de Toulon... Il faut donc faire faire deux projets des lignes et de la place; le premier, des lignes qui fermeront l'isthme. L'isthme, je le sais, a deux lieues [1], mais la défense de cet espace doit se réduire probablement à sept ou huit forts qui, soutenus par une armée de 20,000 hommes ne peuvent pas être pris facilement, mais enfin ces forts pris, il doit y avoir à Castellamare une enceinte dans le genre de celle de Gênes... [2] ».

Le choix de Napoléon est d'autant plus surprenant qu'une portion du terrain de la future place, Capri, était entre les mains de l'ennemi et qu'une tentative effectuée le 3 mars 1807 pour l'en chasser avait échoué. Il ne semble pas que l'on ait eu le temps d'arriver à la période d'exécution.

Quoi qu'il en soit, la présence de deux solides points d'appui à Castellamare et à Scilla devait donner une grande liberté aux échelons intermédiaires.

*
* *

Les principes généraux de gouvernement ne pouvaient manquer d'exercer sur la force de l'armée une influence considérable. Joseph était un prince dont le pouvoir ne reposait pas sur le droit dynastique. C'est le cas auquel Machiavel a consacré les

---

[1] De Castellamare à Amalfi, il y a, à vol d'oiseau, 12 kilomètres, et il faut traverser une chaîne escarpée.
[2] *Correspondance*, n° 12607.

pages les plus curieuses du *Prince*. Le grand penseur florentin s'est demandé les conditions de durée d'un pouvoir nouveau : Vaut-il mieux se faire aimer ou se faire craindre ? Il conclut par un savant dosage d'amour et de crainte, avec prédominance de crainte : Ne contrains pas les hommes, dit-il, à l'extrémité de penser qu'il leur faut ou mourir ou tuer.

Joseph, devenu très vite Napolitain de cœur, ne pensait qu'à se faire aimer. Napoléon, pour qui Joseph n'était qu'un rouage de sa politique mondiale, conseillait sans cesse les moyens violents.

« Il faut que vous réfléchissiez qu'il n'y a qu'un seul moyen de vous maintenir à Naples, c'est de faire la fortune d'un grand nombre d'officiers français, qui s'y établiront, et étant riches se marieront. Cela est facile en leur distribuant une quarantaine de millions de domaines nationaux [1]. »

« ...Je veux avoir à Paris cent fortunes, toutes s'étant élevées avec le trône et restant seules considérables, puisque ce sont des fidéicommis, et que ce qui ne sera pas elle va se disséminer par l'effet du Code civil. Établissez le Code civil à Naples; tout ce qui ne vous est pas attaché va se détruire alors en peu d'années, et ce que vous voudrez conserver se consolidera. Voilà le grand avantage du Code civil [2]. »

« Il faut les faire fusiller (les révoltés) sur-le-champ dès qu'il y en a d'arrêtés [3]. »

« Je vois avec plaisir qu'on a brûlé un village des insurgés. Des exemples sévères sont nécessaires. J'imagine qu'on aura fait piller ce village par les soldats. On doit ainsi traiter les villages qui se révoltent. C'est le droit de la guerre, mais c'est aussi un devoir que prescrit la politique [4] » .

« ...Le royaume d'Italie me rend 140,000,000 de francs de Milan ; il faut que le royaume de Naples et de Sicile me rendent autant, sans cela vous n'aurez rien... Souvenez-vous bien de ce que je vous dis : le destin de votre règne dépend de votre conduite à votre retour dans la Calabre. Ne pardonnez pas. Faites passer par les

---

[1] *Correspondance*, 31 mars 1806, n° 10044.
[2] *Correspondance*, 5 juin 1806, n° 10314.
[3] *Correspondance*, 21 avril 1806, n° 10118.
[4] *Correspondance*, 22 avril 1806, n° 10131.

armes au moins 600 des révoltés. Ils m'ont égorgé un plus grand nombre de soldats. Faites brûler les maisons de trente des principaux des chefs des villages et distribuez leurs propriétés à l'armée [1]. Désarmez tous les habitants et faites piller cinq ou six gros villages de ceux qui se sont le plus mal comportés. Recommandez aux soldats de bien traiter les villes qui sont restées fidèles. Privez de leurs biens communaux les villages révoltés, et donnez ces biens à l'armée. Surtout désarmez avec rigueur.

« Puisque vous comparez les Napolitains aux Corses, souvenez-vous que lorsqu'on entra dans le Niolo, quarante rebelles furent pendus aux arbres, et que la terreur fut telle que personne ne remua plus. Plaisance s'était insurgée ; à mon retour de la Grande Armée, j'y envoyai Junot, qui prétendait que le pays n'était pas insurgé et m'envoyait de l'esprit à la française : je lui ai envoyé l'ordre de faire brûler deux villages et de faire fusiller les chefs de la révolte, parmi lesquels étaient six prêtres. Cela fut fait et le pays fut soumis, et le sera pour longtemps…

« Si vous vous faites roi fainéant, si vous ne tenez pas les rênes d'une main ferme et décidée, si vous écoutez l'opinion du peuple, qui ne sait ce qu'il veut, si vous ne détruisez pas les abus et les anciennes usurpations de manière que vous soyez riche, si vous ne mettez pas des impositions telles que vous puissiez entretenir à votre service des Français, des Corses, des Suisses, des Napolitains et armer des vaisseaux, vous ne ferez rien du tout ; et, dans quatre ans, au lieu de m'être utile, vous me nuirez, car vous m'ôterez de mes moyens…

« Puisque la Calabre s'est révoltée, pourquoi ne prendriez-vous pas la moitié des propriétés de ce pays pour les donner à l'armée ? Ce serait une ressource qui vous serait d'un grand secours, et en même temps un exemple pour l'ennemi. On ne change et réforme pas les États avec une conduite molle ; il faut des mesures extraordinaires et de la vigueur. Comme les Calabrais ont assassiné mes soldats, je prendrai moi-même le décret par lequel je confisquerai, au profit de mes troupes, la moitié des revenus de la province, particuliers et publics. Mais, si vous

---

[1] Ceci est contraire à Machiavel : Les hommes, dit-il, oublient plutôt la mort de leurs parents que la perte de leur patrimoine. (*Le Prince*, chap. XVII.)

commencez à prendre pour principe qu'ils ne se sont pas révoltés et qu'ils vous ont toujours été attachés, votre bonté, qui ne sera que faiblesse et timidité, sera très funeste à la France. Vos amis le disent : Vous n'inspirez pas de confiance ; vous êtes trop bon [1]. »

« Il ne faut point perdre de vue que la force et une justice sévère, sont la bonté des rois. Vous confondez trop la bonté des rois avec la bonté des particuliers. J'attends de savoir la quantité de biens que vous avez confisqués en Calabre, le nombre de révoltés dont vous avez fait bonne justice. Faites fusiller trois personnes par village, des chefs des rebelles. N'ayez pas plus d'égards pour les prêtres que pour les autres [2]. »

« Je désirerais bien que la canaille de Naples se révoltât. Tant que vous n'en aurez pas fait un exemple, vous n'en serez pas maître. A tout peuple conquis il faut une révolte, et je regarderai une révolte à Naples, comme un père de famille voit une petite vérole à ses enfants, pourvu qu'elle n'affaiblisse pas trop le malade. C'est une crise salutaire. C'est donc dans cette vue que les châteaux doivent être armés et approvisionnés. La partie de votre royaume la plus près d'être tranquille, c'est la Calabre, si l'on en fait une sévère justice [3]. »

Joseph, en recevant ces conseils, se faisait violence, nommait quelques commissions militaires, faisait exécuter quelques insurgés, supprimait quelques ordres religieux et confisquait leurs biens. Mais il ne pouvait toucher aux terres des gros propriétaires qui s'étaient en général ralliés à lui. Il dit souvent que ses ennemis sont les pauvres et que ses amis sont les riches. Néanmoins il ne cesse de crier misère et de réclamer des subsides. En mars 1807, il visite la côte adriatique. De Barletta, le 29 mars, il écrit une lettre typique [4], qui dut crisper Napoléon par l'étalage de bonté un peu niaise et de vertu bourgeoise. On en jugera par les extraits suivants : « ... Que d'abus, dont j'avoue que je m'étonne encore, dans le voyage que je fais !

---

[1] *Correspondance*, 30 juillet 1806, n° 10573.

[2] *Correspondance*, 5 août 1806, n° 10600.

[3] *Correspondance*, 17 août 1806, n° 10657.

[4] *Mémoires*, t. III, p. 324.

Qu'un prince confiant et bon est un grand fléau du ciel ! Je m'éclaire, Sire, et j'espère être bientôt un meilleur gouvernant, en ne supposant pas à la plupart des hommes l'esprit de justice et de bonté que Votre Majesté, je l'espère, reconnaît en moi. Je viens de réunir tous les notables de cette paroisse. Que ces gens sont dociles, mais qu'ils sont mal gouvernés ! Je viens de leur parler le langage de la vérité ; les larmes étaient dans tous les yeux. J'ai destitué le préfet, le sous-préfet, le général, le commandant, tas de fripons qui étaient ici les organes et les agents d'un prince honnête homme.

« ...Je ne crains pas de retomber dans mes anciennes erreurs, en disant qu'ils (mes sujets) m'aiment réellement... Sire, je suis dans cette disposition d'esprit que Votre Majesté connaît en moi, et dans laquelle j'aime à dire tout ce que je crois bon : eh bien ! Votre Majesté doit faire la paix à tout prix. Votre Majesté est victorieuse ; triomphante partout, elle doit reculer devant le sang de ses peuples. C'est au prince à retenir le héros... »

L'Empereur répondit le 18 avril 1807 [1] « ... La paix est un mariage qui dépend d'une réunion de volontés. S'il faut se battre encore, je suis en mesure... Je ne suis pas de votre opinion que les Napolitains vous aiment. Tout cela se réduit à ceci : *S'il n'y avait pas un Français dans Naples, y lèveriez-vous 30,000 hommes pour vous défendre contre les Anglais et les partisans de la reine ?* Comme le contraire m'est bien prouvé, je ne puis penser comme vous. Vos peuples vous aimeront sans doute. Mais après huit ou dix ans de paix, quand ils vous connaîtront bien et que vous les aurez connus. Aimer, chez les peuples, veut dire estimer, et ils estiment leur prince quand il est redouté des méchants et que les bons ont une telle confiance en lui qu'il peut, dans tous les événements, compter sur leur fidélité et sur leur secours... »

Il est certain qu'une répression énergique devait contribuer à la sûreté des échelons contre les ennemis de l'intérieur et faciliter leur tâche contre ceux du dehors. Mais le pillage a une influence détestable sur la discipline et la valeur morale d'une troupe.

---

[1] *Correspondance*, n° 12408

* *
*

La campagne de Prusse eut pour conséquence un ralentissement des opérations militaires dans le royaume de Naples. Le succès foudroyant d'Iéna augmenta le prestige des Français. Beaucoup de bandes se soumirent, et pendant quelques mois les Anglais furent moins entreprenants. D'autre part, l'Empereur rappella huit régiments de cavalerie française, des officiers, de l'artillerie légère, et Reynier resta sur la défensive.

En février 1807, le château d'Amantea, qui était resté entre les mains des insurgés depuis le débarquement de Sainte-Euphémie, capitula après un siège en règle. Pendant le printemps, les Anglais multiplièrent leurs tentatives. La plus importante fut celle du prince de Hesse-Philipstadt, qui débarqua à Reggio avec 5,000 ou 6,000 hommes. Il s'avança jusqu'à Mileto, à quelques kilomètres de Monteleone. Reynier le battit complètement, le 28 mai, et l'obligea de regagner Reggio, où il n'eut que le temps de se rembarquer. Les Français occupèrent la ville mais non le château. Au même moment, les Anglais s'emparaient de Cotrone, d'où Reynier ne réussit à les chasser qu'en juillet, après un siège régulier.

La paix de Tilsitt mit les îles Ioniennes entre les mains de Napoléon. Joseph reçut l'ordre d'y envoyer 5,000 hommes sous les ordres de César Berthier. L'expédition, qui partit d'Otrante, ne put être menée avec assez de mystère pour échapper à la croisière anglaise de l'Adriatique, qui saisit un des bateaux portant le colonel du 6e de ligne et ensuite coupa les communications.

Le château de Reggio capitula le 2 février 1808, et Scilla le 17 février, après un siège de plus d'un mois. Cependant Napoléon poursuivait l'exécution d'un plan grandiose. Il réunit à Toulon les deux escadres de Rochefort et de la Méditerranée. Le 10 février, la flotte mit à la voile sous les ordres de l'amiral Ganteaume. Elle devait ravitailler Corfou, qui était bloqué, puis s'emparer du détroit de Messine, prendre à bord les troupes destinées à la conquête de la Sicile et les débarquer au Phare Il y eut beaucoup de contretemps dus à l'état de la mer, à des ordres mal donnés ou mal compris, à d'autres causes encore. Le contre-amiral Cosmao, séparé du gros avec sa division et ignorant le but de l'expédition, alla chercher des instructions à Tarente. Bref, la flotte atteignit Corfou en perdant un mois, mais elle n'essaya même pas d'enlever le détroit à la flotte anglaise supérieure en nombre. C'en était fait de l'expédition de Sicile. Napoléon entra dans une violente colère[1] et se lança dans l'aventure d'Espagne.

Dès le mois de mai 1808, Joseph quitta Naples, où il fut remplacé par Murat.

*
* *

Le principal intérêt de l'étude qui précède consiste dans les lettres de Napoléon que nous avons reproduites. Bien que nous les ayons librement critiquées, nous sommes pleins de respect pour le génie qui les a dictées. Cette constatation faite, il faut reconnaître que la Correspondance de l'Empereur n'est pas un instrument de travail que l'on puisse mettre sans danger entre toutes les mains. C'est un large fleuve, aux allures torrentueuses, qui ne charrie pas que des paillettes d'or. On y peut trouver l'énoncé de faits inexacts ou faux, des jugements d'une violence outrée, des aperçus lumineux, la justification de thèses contradictoires[2], des plans chimériques et des procédés pratiques d'un parfait bon sens. Le mélange est intime, et il faut une attention soutenue pour faire le départ de ce que l'on peut imiter et de ce qu'il est préférable de rejeter. La difficulté est d'autant plus grande, que Napoléon a un énorme pouvoir de séduction, et que plus ses idées sont contestables, plus il les exprime en langage impérieux. C'est un tyran des intelligences.

Sainte-Beuve disait : « L'exemple de Napoléon a fasciné les

---

[1] *Lettres inédites de Napoléon Ier*, publiées par L. Lecestre en 1897. N° 244, à Joseph, 12 mars 1808 : « ..... Je ne puis que déplorer l'imbécillité de mes marins..... » N° 246, à Joseph, 16 mars 1808 : « ..... La réponse du contre-amiral Cosmao est inconcevable. On peut être bête, mais l'être à ce point, c'est un peu trop fort... C'est un misérable homme que ce Cosmao... » Cosmao, très brave marin, ne méritait pas ces reproches ; un de nos croiseurs porte son nom.

[2] Par exemple, dans la courte période que nous avons étudiée, la convenance d'un grand nombre et d'un petit nombre de fortifications pour la défense des États.

esprits et faussé les jugements [1] ». Cette appréciation ne manque pas de vérité. On ne sera jamais tenté d'en exprimer une pareille sur Frédéric II ou Moltke. L'un et l'autre, dans l'ordre du génie, sont inférieurs à Napoléon, mais ils se tiennent à un niveau plus égal. Aussi, ils ont peut-être plus de valeur éducatrice. Les hommes de génie ne forment pas d'élèves ; ils ne souffrent pas d'esprits indépendants à côté d'eux ; tout est personnel dans leurs méthodes de travail, et ils ne prisent rien tant chez leurs subordonnés que l'obéissance passive. Cela explique pourquoi les généraux prussiens qui servaient sous Frédéric II et Moltke, et les généraux japonais, qui sont les derniers élèves de Moltke que l'on ait vus à l'œuvre, paraissent, en général, plus forts que les maréchaux de Napoléon.

---

[1] *Lundis :* tome XI, p. 510.

TABLE DES MATIÈRES

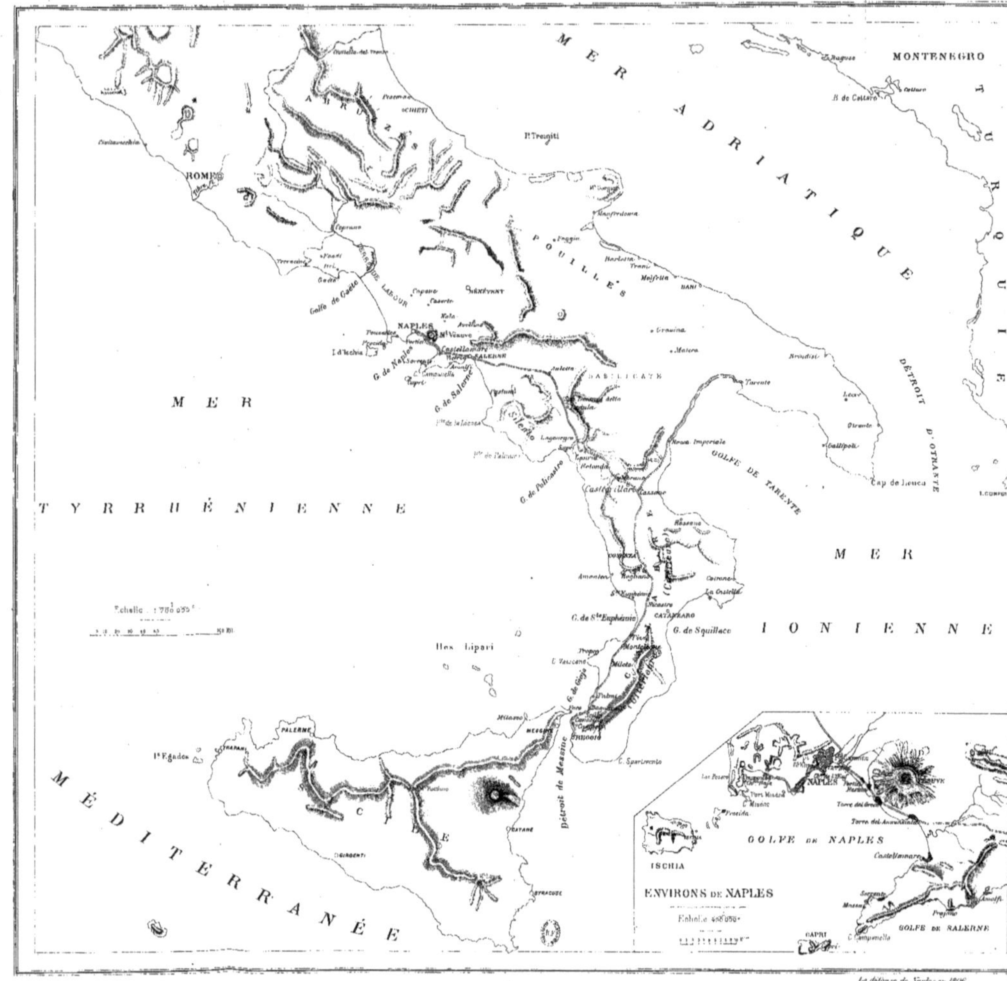

ROYAUME DES DEUX-SICILES
MONTENEGRO
MER ADRIATIQUE
TURQUIE
MER TYRRHÉNIENNE
MER IONIENNE
MÉDITERRANÉE
POUILLES
BASILICATE
CALABRE
DÉTROIT D'OTRANTE
GOLFE DE TARENTE
GOLFE DE SQUILLACE
DE LABOUR
ROME
NAPLES
M.t Vésuve
Castellammare
SALERNE
G. de Naples
G. de Salerne
I. d'Ischia
Procida
Capri
Golfe de Gaëte
Terracine
Gaëte
Capoue
Caserte
BÉNÉVENT
Aversa
Nola
Avellino
CHIETI
P.t Tronito
Manfredonia
Foggia
Barletta
Trani
Molfetta
BARI
Gravina
Matera
Brindisi
Tarente
Lecce
Otrante
Gallipoli
Cap de Leuca
Castellamare Cassano
Rossano
COSENZA
Amantea
Paola
CATANZARO
G. de S.te Euphémie
Propria
Milazzo
Tropea
PALERME
MESSINE
Détroit de Messine
CATANE
GIRGENTI
SYRACUSE
TRAPANI
I.s Egades
Îles Lipari
Échelle : 1:750 000.
Kil. 50
ENVIRONS DE NAPLES
GOLFE DE NAPLES
GOLFE DE SALERNE
ISCHIA
CAPRI
NAPLES
VÉSUVE
Castellamare
Sorrente
Procida
Échelle : 1:450 000.
La défense de Naples en 1806
par Clément de Grandpré, colonel du génie

PARIS. — IMPRIMERIE R. CHAPELOT ET Cᵉ, 2, RUE CHRISTINE.